JN299848

東アジアと大英帝国

岡本隆司
Okamoto Takashi

ラザフォード・オルコック

Rutherford Alcock

ウェッジ

はじめに——大英帝国・非公式帝国・オルコック

大英帝国の興亡と極東

パクス・ブリタニカ——イギリスの平和。大英帝国が世界を制覇した一九世紀の後半を象徴するフレーズである。ヴィクトリア女王の御代、イギリスは最先進国として世界のトップをひた走り、厖大な帝国を築き上げた。二〇世紀はじめの世界地図をみれば、七つの海を支配した、日の没することなき帝国というのも、誇張ではないことがわかる。

もっとも、のぼりつめた黄金時代というのは、いつの世も凋落の前奏曲にほかならない。この地図の頃に先んじて、イギリスはその帝国をいかに守るかに腐心するようになっていた。極東でロシアの南下にそなえた日英同盟の結成はその一例であり、そこで同盟した日本が、やがてイギリスのアジアにおける帝国の崩壊を導くのだから、皮肉な運命ではある。ともあれ二〇世紀は、一面からみれば、大英帝国の衰亡・解体の歴史だともいえよう。

だからわれわれは、その衰亡をよく知らなくてはならない。それが現代の世界を理解することにもつながる。閉塞感に満ち、衰亡を歩みはじめたとの疑心をいだく現代日本人にとって、とりわけしかりであろう。

しかし衰亡・解体するには、建設・興隆がなくては始まらない。衰亡を語るためには、いかに興起し、繁栄したのかを知っておく必要がある。そして大英帝国の場合、その盛衰はちょうど一世紀、百年くらいをはさんだコントラストとみれば、わかりやすい。二〇世紀の前半、半世紀をかけて衰退していった帝国は、その百年前をみると、まったく逆の様相である。一九世紀の前半、やはり半世紀をかけて帝国は拡大し、隆盛に向かっていた。

一八世紀末のヨーロッパは、何といってもフランス革命である。人権宣言をはじめ、後世の人類に甚大な影響をおよぼしたこの革命は、同時代のイギリスにとってみれば、宿敵フランスの膨脹と大陸制覇にほかならない。イギリスは十年以上の対峙と戦争をへて、ナ

図1　第一次大戦前後の大英帝国

ポレオンを打倒し、ようやくヨーロッパの勢力均衡を回復することができた。その苦闘は同時に、以前から海外で続けてきた他国との勢力争いで優位に立ち、大英帝国を建設する準備をととのえたプロセスでもある。

ケープ植民地を手中にし、インドの植民地化をすすめ、やがてシンガポールを建設して、インド洋・東南アジアから東アジアに触手を伸ばしはじめた。わが国はじめ、東アジア全体が大きな変化をとげるのも、大英帝国の拡大と密接な関わりがある。

もっともそれ以前から、極東はイギリスと無縁ではない。インドを支配経営する東インド会社を通じ、急速に中国との経済的な関係が深まってきた。一八世紀のはじめと後半を比べれば、中国との貿易量はおよそ四十倍に増している。その世紀も終わりに近づくと、いよいよ中国はイギリスの無視できない存在になってきた。そこで、単なる交易にとどまらない政治的な関係を樹立しようと模索し、派遣したのが、マカートニー使節団である。

練達の外交官マカートニー（George Macartney, 1st Earl of Macartney）を特命全権大使とするこの使節団は、イギリス史上はじめて中国に派遣した政府代表である。一七九三年、中国にやってきたマカートニーは、ときの清朝皇帝・乾隆帝《けんりゅうてい》にも拝謁し、貿易の拡大と国交の樹立を申し入れた。全盛をきわめる清朝と、国運隆盛のただなかにあるイギリスとが、正面から向き合った瞬間にほかならない。

イギリス使節・マカートニーを謁見する乾隆帝
（財）東洋文庫所蔵）

乾隆帝の返事は、事実上のゼロ回答である。にべもない拒否だったと同時に、相手の無知にあきれた物言いでもあった。天下の中心に位置し、地大物博の中国は、自給自足できるから、まったくイギリスとの貿易を必要としない、しかし貿易がなくては、イギリスのほうが困るだろうから、恩恵として貿易してやっている、特別のはからいなのだから、おとなしくして、みだりに要求を出してはならぬ、という趣旨である。

マカートニーの中国奉使は、失敗に終わった。それからおよそ半世紀。帝国を拡げつつあったイギリスは、今度は武力をもって、その要求貫徹を迫ってくる。一八四二年に終わる、史上あまりにも有名なアヘン戦争である。そうした運命は、かつてイギリスの要求をはねつけた中国にかぎらない。「鎖国」のなか、泰平を謳歌していた日本も、やがて同じ道を歩まざるをえなかった。そしてそれが東アジアそのものの変貌をもたらす。

「非公式帝国」と個人

ただし中国も日本も、インドのようにイギリスの植民地とはならなかった。それでも一九世紀の後半、地球規模で完成しつつあった大英帝国全体からみれば、不可欠の一環をなす。そこで近年の研究では、イギリスの勢威がおよぶ範囲を、「帝国」というひとつの構造体ととらえ、植民地もそうでない地域も、「帝国」の一部とみなす考え方が有力である。インドなどの植民地を「公式帝国」、中国など非植民地を「非公式帝国」と称して、「帝国」全体に対するそれぞれの機能・役割を分析するという方法である。

これは大英帝国を一望のもとに把握し、グローバルな世界史、とりわけその経済的なつながりを考えるには有効であろう。もっとも、それで何もかもわかるのか、といわれれば、やはりそうではあるまい。この方法では、抜け落ちることが出てくるからである。

何よりまずあげられるのは、帝国をひとつの構造体として俯瞰するので、それができあがってくる内在的な動態をとらえにくい、ということがある。個別具体的にいいかえれば、中国がイギリスの「非公式帝国」として機能する様相はわかっても、なぜいかにして、そのような「非公式帝国」となったのかについては、必ずしも十分な答えを与えてくれない。つまり、いま最も知りたい帝国建設の過程が、これではわかりにくい、ということである。

たとえば一九世紀の中国では、イギリスが圧倒的な貿易のシェアを誇り、その貿易が世界経済を支えていた。そこで貿易活動を有利に行い、維持してゆくために、中国に「非公式帝国」が必要だったわけである。イギリス人がコントロールした開港場の租界や税関など、これまで「帝国主義」的な「権益」と呼んできたものが、その代表例にあたる。

租界や税関を「非公式帝国」とみなす分析方法では、このように、それらが果たした機能のあらましはわかっても、そうした「権益」がいかにできあがったか、そのくわしいプロセスは説明できない。そのためには、イギリス側の事情ばかりではなく、中国側のそれにも、観察が不可欠である。両者が切り結ぶところに、答えが存するからである。

それなら、その答えを導きだすには、どうすればよいのか。最もわかりやすい方法のひとつは、その切り結ぶ現場に立ち会い、活動した個人に着眼することである。

そういえば、大英帝国の建設には、英雄的な個人の事蹟が切っても切り離せない。アジアに限っただけでも、インドのクライヴ（Robert Clive）やヘースティングズ（Warren Hastings）、シンガポールのラッフルズ（Thomas Stamford Raffles）が、ただちに思い浮かぶ。もとより業績の内容や影響は、一様ではない。しかし概していえるのは、なお一九世紀の半ばでは、イギリスの対外進出・帝国経営は十分な組織化をみておらず、個人の資質と役割が、事態を左右する大きな意味をもっていたことである。したがってそこを跡づければ、大英帝国の形成、ひいては当時の世界の一面をかいまみることもできよう。

東アジアとオルコック

東アジアでそのような個人とは誰か、と問われれば、人によって答えはちがうだろう。だが筆者なら、誰よりもまず、オルコック（Rutherford Alcock）を推したい。アヘン戦争直後から、四半世紀の長きにわたって中国と日本に駐在した外交官である。まさしく日中の開国に重なるキャリアであり、しかも重なっていたばかりではない。中国で比類なきリーダーシップを発揮し、「非公式帝国」の租界・税関を事実上つくったのも、かれであった。

そのオルコックは、日本でもそれなりに有名である。かれはイギリス初代の駐日公使であり、幕末の歴史にふかく関わった。しかしその種の人物は、ほかにもいる。アメリカのハリス（Townsend Harris）、フランスのロッシュ（Léon Roches）、あるいは同じイギリスのパークス（Harry Smith Parkes）など。そのなかで特にオルコックが知られるのは、外交官としての活躍もさることながら、それ以上に日本を論じた影響が大きい。『大君の都』という著書があるかれは、美術工芸の分野においても、いわゆるジャポニスムの流行と深い関わりがある。日本の価値を見いだし、欧米・世界に日本を知らせた、という位置づけであって、これがいわゆる「日本人論」を好む日本人の関心に合っていた。

そのため、オルコックに対する研究・論著は少なくない。かれの公的な活動、事蹟のみならず、思想や文明観へのすぐれたアプローチもおこなわれてきた。ただそれはすべて、日本に限ったものである。たとえば、日本よりもはるかに長く滞在した中国での活動は、一部の専門家を除けば、ほとんど知られていないし、誰も書こうとしなかった。こんなところに日本人のみかた、そのすぐれて近視眼的な特徴が如実にあらわれている。要するに、日本に関わるオルコックにしか興味をもたない。もっといえば、関心があるのは、オルコック本人ではなくて、かれの眼に映った自国のみ、という姿勢なのである。

個々人の関心のもち方は、自由であるから、そのこと自体をとがめようとは思わない。けれども、オルコックの眼に映った日本に興味があるなら、それを知るためには、まずその眼を理解することが不可欠であろう。それには、オルコック本人を知らねばならない。四年間にすぎないその日本滞在をみるだけで、それは果たして可能なのだろうか。四半世紀におよぶ極東での活動すべてをみる必要はないのであろうか。

およそこんな関心から、本書はオルコックの生涯を跡づけていきたいと思う。それは特殊な角度からみた日中の開国史といってよい。「日本人論」的に幕末の日本を知るためにも、東アジアの近代を知るためにも、大英帝国の建設を知るためにも、さらには一九世紀の世界を知り、現代を理解するためにも、それは欠かすことのできない歴史である。

　歴史をつくるのは、一人ではない。しかし個人と個性がなくては、歴史はなりたたない。はからずも日本・東アジアと深い関係をもつにいたった一イギリス人の生涯は、そんなことを教えてくれるように感じられる。

ラザフォード・オルコック――東アジアと大英帝国　目次

第4章

日本

105

19世紀ロンドンの街並み（Hulton Archive, London Stereoscopic Company, ゲッティイメージズ）

第 1 章
旅立ち

1　少年時代

生い立ち

ロンドンの中心部から西へ、およそ十三キロ離れた郊外に、日本人も多く住むイーリングという町がある。現在は大ロンドンのなかにふくまれ、衛星都市のひとつをなしているが、もともとは村落であった。一九世紀の半ば以降のヴィクトリア時代に、ロンドンが巨大都市になるにしたがい、イーリングもその郊外都市として大きくなったから、およそ二百年前はといえば、なお小さな集落だっただろう。

一八〇九年五月、そのイーリングで開業していたトーマス・オルコック（Thomas Alcock）という医者の家に、男の子が生まれた。名前はジョン・ラザフォード（John Rutherford）。もっとも「ジョン」は、本人が早くに使わなくなって、誰も知ることがなかったという。

同い年のイギリスの著名人といえば、宰相にもなったグラッドストーン（William Ewart Gladstone）にまず指を屈する。逝去も半年ちがうだけ、まったくの同時代人といってさしつかえない。つまりは二人とも、パクス・ブリタニカを実現したヴィクトリア朝イギリスの政治家で、その典型をなす存在だった。全盛期の大英帝国を支えた役割でも、共通する。しかし豪商の息子のグラッドストーンが、イートン校・オックスフォード大学とエリートコースに乗って、政治家の頂点にまでのぼりつめ、華々しい生涯を送ったのに対し、医者の息子だったラザフォード・オルコックは、およそかけ離れた人生を歩んだ。

母親を早くに亡くし、評判上々の医者・芸術家だった父も、多忙で面倒を見きれなかったのか、ラザフォード少年はスコットランドに近いイングランド北部・ノーザンバーランドの親戚のもとに預けられ、ヘクサムという町の学校に通うことになった。

両親と離れたその少年時代は、それだけでも寂しいものだったにちがいない。しかもかれは生来の病弱で、療養するために引っ越しも少なくなかった。ふつうの少年たちと同じような学校生活は、とても送れなかったことになる。

両親もおらず、友達も少ない。決して恵まれたといえぬ少年期を送らざるをえなかったラザフォード少年は、それでも不幸ではなかった。人間万事、塞翁が馬。このような境遇は、異郷での孤独に慣れさせたばかりでなく、少年らしい陽気さや快闊さの代わりに、忍耐力と克己心を与えたことだろう。その非凡な人格と才能の形成に大きな役割を果たしたにちがいない。そして、そこから生まれてくる勤勉さは、虚弱な体質と転居続きの生活という不利な条件を補ってあまりあった。

就学と留学

ラザフォード少年はいつしか、医者を志す。自身病弱だったことが影響したのであろうか、それとも、一緒に暮らしていない父に、かえって憧憬を覚えたのであろうか。よくはわからないけれども、その志向や資質は、まちがいなく父親ゆずりだったといえる。一八二四年、一五歳のとき父親のもとにもどり、医学の勉強をはじめた。

もとより父について見習いをしたが、それだけでは十分ではなかったらしい。ロンドンにあるウェストミンスター病院、ならびに王立ウェストミンスター眼科病院に学生として入り、外科医の教育を受けることにした。そこでオルコックの指導にあたったのは、ガスリー（George James Guthrie）医師。かれはイギリス眼科医学の創始者のひとりであり、軍医としても有能で経験豊富、王立ウェストミンスター眼科病院を事実上、創立した人物でもあった。この当代の権威の門下になったことが、オルコックの前半生をほぼ決定づける。

平日は医学にいそしみ、余暇は工芸に打ちこむのが、かれの青春だった。とくに模型製作と絵画に凝って、休日という休日、工房に通いつめるほどであり、そんな生活が就職するまで、住居を変えても変化することはなかった。どうもかれの資質は、物事に対する即物的な観察と表現、またそれを可能にする集中力に秀でており、また自ら意識して、それを伸ばそうともしたようである。

翌年一六歳のときから一九歳になる一八二八年まで、オルコックはパリに留学した。おそらく師ガスリーの勧めだったのであろう。ガスリーはフランス人とみまがうほどにフランス語に堪能で、遊学の効用も知悉していたはずだからである。

そうねらっていたのだとすれば、ガスリーの目算は図に当たった。芸術の都パリがオルコックにとって、後々までどこより懐かしむべき場所となったのは、工芸に関心を寄せていたからでもあるし、そこで人格・才能が発達をとげたことも影響しているだろう。

外科医になるため、解剖学・化学・博物学を勉強したのは当然である。それと同時に、芸術や文学にも関心を深め、フランス語とイタリア語を習得した。ヴェルサイユでは数々の絵画、壮麗な庭園に感動し、チュイルリー庭園では彫刻を賞翫《しょうがん》した。要するに、心底からパリの生活を楽しんでいたのである。

どのように異郷での生計をまかなっていたのか、細かいことはよくわからない。しかしオルコックはパリでも、模型の製作を続けていた。蠟人形・漆喰塑像を製作するレッスンを受け、人体の解剖模型を製作、販売して自活できたという。

かれ自身の記すところでは、一回の製作で五十ギニ稼いだり、数年たって熟練した後には、両手両足の実物模型を百四十ギニで売ったこともあった。一ギニは一ポンド一シリングだから、かなりの高額である。その製作模型はイギリス本国で、技芸協会（Society of

Art）から受賞の対象にもなり、その博物館に陳列されたというから、相当に腕前をあげたのはまちがいない。

2　軍医

帰国と従軍

オルコックは一八二八年、惜しみつつパリをあとにして、ロンドンに帰ってきた。ウェストミンスター病院・王立ウェストミンスター眼科病院にもどり、二年半あまりの間、住みこみの研修医として働くことになる。その期間が終わった一八三〇年、二一歳で王立外科医師会に加入し、開業医の免許を取得して、ようやく外科医の仲間入りを果たした。

その間どんな生活を送っていたか、くわしい事情はよくわからない。趣味あるいは副業ともいうべき模型製作も継続し、弟子をとってさえいる。さらにかれは筆まめで、論文を書いては、定期刊行物に寄稿した。それも新たな余暇の過ごし方として加わったようであり、のちの文筆家としての基礎をあたえるものだった。

そうはいっても、このままいけば、オルコックは父親のように開業医となったことだろう。しかしそれには当時、まだ若すぎたようで、かれにはちがう道が待ちうけていた。

オルコックがパリから帰国した一八二八年、ポルトガルで王位継承をめぐって内乱が起こる。一八二一年、ブラジル皇帝ペドロ一世の娘・マリア二世が七歳でポルトガル国王に即位していた。ところがその年、外遊から帰国した叔父の摂政ミゲルが王位を僭称《せんしょう》し、実権を掌握する。ミゲルは絶対君主として反動的な政治を行ったため、兄のペドロ一世は三一年、ブラジルの皇位を息子にゆずって、立憲王政の樹立をめざし、弟のミゲルを討つべく、ポルトガルに帰国進軍した。こうして兄弟あい争う内乱となったばかりか、イギリスとフランスがペドロ一世・マリア二世の側に荷担して、干渉に乗り出した。この内乱は、ミゲルが敗退する一八三四年までつづく。

一八三二年、イギリス軍の派遣にあたって、必要な外科医を推薦するよう、斯界の権威ガスリーに依頼があった。かれはただちに弟子のオルコックを推薦し、オルコック自身もほぼ二つ返事でひきうけた。その日のうちに出発、ポーツマス軍港に急行したというから、驚くべき即断と足どりの軽さである。見ず知らずの土地や職務に対する、あくなき好奇心と挑戦心。のちに顕著となるかれの本領は、このあたりからその片鱗をみせはじめる。

イベリア半島にて

オルコックはアゾレス諸島へ向かう海兵隊付きの外科医として従軍し、やがて自ら志願して、正式な軍医として採用された。戦場で友人となった一人に、陸軍少佐のショウ(Charles Shaw）という人物がいる。かれは若きマリア女王に身心をささげて、大きな戦功をあげたばかりでなく、イギリス人一般の関心をあまり惹かなかったこの戦役そのものについても、貴重な記録を残した。

その筆が若き軍医オルコックの活躍を描いている。「オルコックは若さに似合わず、知識も技術も練達していて」、「負傷兵の手当となれば、勇敢かつ献身的にとりくんだ」といい、「勲章もののはたらき」だと絶賛した。それがあながち誇張でもないように思えるのは、このときオルコックがかなり激しい口調で、ポルトの患者収容施設がきわめて劣悪だとうったえ、その改善を求めて上申した書翰《しょかん》が残っていることでもわかる。

ポルトガルの内乱が終息すると、派遣軍には新しい任務が待っていた。スペインのカルリスタ戦争である。一八三三年九月末に国王フェルナンド七世が逝去、わずか三歳のイサベルが即位し、王太后マリア・クリスティーナが摂政をつとめた。しかしそれに承服しない王弟ドン・カルロスは、追放先のポルトガルで即位を宣言、カルロス五世と称した。これを受けて、バスク・ナバラ地域でカルロス支持派（カルリスタ）の反乱が起き、内戦状態に入ったのである。

カルロス五世は復古的で、絶対君主制の維持をとなえたのに対し、イサベル女王を戴くマドリード政府は自由主義を標榜したから、イギリスは劣勢になった後者を支持して、干渉にふみきる。一八三六年、大佐に昇進したショウとオルコックもスペイン派遣軍に加わり、後者はその軍医長として従軍した。

カルリスタ戦争そのものは、カルロス支持派が降伏し、イサベルの王位が確定する一八三九年まで続くけれども、わがオルコックはほぼ一年間の軍務をつとめたのち、一八三七年の末に退役した。しかしその長くはない期間でも、功績をあげ高い評価をえた事実は、かれがその間に病院副総監（deputy inspector-general of hospitals）に昇進していたことからわかるだろう。若き日のかれは、すこぶる精力的だった。

オルコック自身も、従軍生活に満足していたようである。その述懐によれば、足かけ六年におよぶイベリア半島での軍務は、「人生で最もおもしろかった経験」であって、「これ以上に心情的、かつ物質的な充足感に満たされることは、将来おそらくありえない」という場面にも遭遇した。そして若き日のこの体験が、やはりその「将来」に大きな影響を及ぼす。それは経歴ばかりではない。本人の心理はもとより、身体的にもそうであった。

3　外科医の挫折

若き外科医の活躍

オルコックは一八三八年、帰国してロンドンにもどると、すぐ外科医の本務を再開した。かれの名を斯界に知らしめたのは、その旺盛な執筆活動であって、つづけざまに著述を公にする。まず同じ年、『スペイン派遣英国軍の医療史と医療統計に関するノート』という百ページの本を出版、また翌年には「脳震盪について」、その翌々年に「胸腔の負傷と胸腔壁への手術について」という論文を発表した。いずれもイベリア半島で従軍して、戦火のなか、銃創などをつぶさに実見した経験を生かしたものである。

高名な病理学者、変形性骨炎や乳頭癌のPaget's diseaseでいまなお名前が残るパジェット（Sir James Paget）などは、オルコックの著書を「陸軍の医療部門の改善に貢献した」、論文のほうも「今世紀の前半に、これほどすぐれた論文はない」と高く評価した。かれはオルコックと親しい外科医仲間だから、いささか割り引く必要はあろうが、それぞれに画期的な著述だったことはまちがいあるまい。論文のほうは、王立外科医師会が選ぶ最優秀の論文に贈られるジャクソニアン賞を受賞しているからである。

翌一八三九年、王立内科外科協会に入会し、シデナム校の外科医学講師に就任、多重負傷や切断手術に関する講義の担当をはじめた。そのかたわら、スペイン派遣軍に関する委員会の委員にも任命されている。これはスペイン政府と派遣軍との間で、支払われるべき報酬をめぐって紛議が生じており、それを調停する任務で、二年以上の任期、しかも手当はなかった。それでも、オルコックは真摯にとりくんでいる。どうやら義務・責任という以上に、適性としてこのような調整・議論に向いていたらしく、有能な仕事ぶりだったと伝えられる。だからオルコックは、翌年このスペインの委員会が終わると、まもなく外務省から、ポルトガル派遣軍に関する同様の委員会に任命された。当時の『タイムズ』紙にも、関連の記事が出ており、オルコック自身の寄稿もあって、その活動の一端が知られる。

パジェット

政府関係の仕事はこれだけではなかった。一八四二年、まだ派遣軍委員会の任期も終わっていないとき、オルコックは内務省の解剖検査官(inspector of anatomy)の公職に任命された。骨髄炎・関節疾患の権威で、国王附外科医もつとめたことのあるブローディ(Sir Benjamin Collins Brodie, 1st Baronet)教授の強い推挙によるものである。

検査官は二名、うち一人がオルコックだったわけだが、折しも「解剖法（anatomy act）」の改正を望む声があがっていた。この法律はさる一八三二年に下院を通過したもので、十年のあいだにその不備が明らかとなっていたからである。二人の検査官は四二年末、長文の意見書を提出した。そこには、ポルトガル内戦時のポルトにおける病院施設の事例も引いてあって、オルコックの経験と知識を活用していることがわかる。翌年にもふたたび意見書が提出され、やはり法改正を望む趣旨であった。だがこのようなオルコックの尽力にもかかわらず、その意見は実施にうつされなかったらしい。十五年の後、一八五八年になっても、旧態依然の「解剖法」のもとで検査官が勤務せざるをえない現実を、かれは確認しているからである。

疾患と岐路

解剖検査官として提出した意見書は実を結ばなかったものの、ともかく若き外科医のオルコックは、文字どおり引っ張りだこの状態、充実した生活を送っていたといってよい。それは公的な面のみならず、プライベートでもそうだった。

一八四一年五月一七日、三二歳の誕生日を迎えてまもなく、ヘンリエッタ・ベーコン（Henrietta Mary Bacon）と結婚した。ヘンリエッタは彫刻家の娘だというから、オルコックの趣味・副業だった工芸の世界で、めぐり会った女性なのだろう。式はウェストミンスターの聖マーガレット教会で行われた。仲むつまじく、平穏で幸福な新婚生活であった。

前途は洋々、順風満帆の船出のはずだった。効率・徹底・果敢・集中力、そして良識。そうした内面に劣らないほどの、学生時代に片鱗をうかがわせた、手先の精密な器用さ、芸術的な技巧。要するに、傑出した外科医となるにふさわしい資質を、かれはすべてそなえていた。このままでいけば、キングズカレッジの軍医職、あるいはウェストミンスター病院の副外科医のポストが、オルコックを待っているはずだった。けれどもその前途は、はかなく断たれてしまう。

好事魔多し、という以上の転変だった。かれがいつごろから、外科医を続けることに困難を感じていたかはわからない。しかし両手両腕に麻痺症状が出て、もはや消えそうもないことを自覚したとき、嘱望された医師の将来をあきらめる決意をしたのであろう。

オルコックはスペインのカルリスタ戦争に従軍したさい、サン・セバスチャン包囲戦中に重度のリウマチ熱にかかったことがある。このとき数ヵ月間、名状しがたい痛みが襲って、生きた心地もしなかった。そして七年たっても全快とはいかず、かれ自身「ミステリアス」な疾病と呼んだ後遺症が残ったのである。

おそらくいったんは、日常の業務と生活に不自由しないほどに治ったのだろう。ところが一八四三年の夏までに、麻痺がひどくなってきて、驚いたオルコックは、休暇をとってドイツの温泉へ治療に出かけることまでした。しかしこのとき以来、両手の親指は利かなくなる。その後遺症は、かれから外科医の将来を奪わずにはおかなかった。そればかりではない。後世の史家を悩ませるかれの悪筆をも生み出しつづけた。

ときにオルコックは三四歳。人生を船出してまもなく、難破したかっこうである。しかしここから、かれは第二の、そして本当の人生を歩み出すことになるのだから、やはり人間はおもしろい。人生は一場のドラマである。

外科医という職業を断念したオルコックの苦悩は深かっただろう。「立身出世をあきらめねばならぬと感じた」かれの足は、外務省に向かった。これは必ずしも突飛な発想ではない。外務省からは数年前、ポルトガル派遣軍に関する委員会の委任を受けていたことがあった。再就職のため、その伝手《つて》をたどったのかもしれない。何らかの縁故があったらしく思えるのは、かれは委員会の委員になった一八四〇年から、外務省に入った、という扱いにされているからである。

ともあれ、そこでかれは、三十四人の競争を勝ち抜いて、新しく開かれた中国の開港場・福州に駐在する領事に任ぜられることになった。一八四四年、三月末のことである。

4　中英関係

一八世紀までの中英貿易

当時、イギリスと中国の関係といえば、何よりもまず貿易である。しかもイギリスの対中貿易は、さほど歴史の古いものではない。そもそも一七世紀の終わりまで、清朝政権は中国沿海の治安を維持するため、貿易そのものを禁じていた。その禁令が一六八〇年代に解かれても、半世紀ほどの間、一八世紀の半ばまで、中国にとって最も重要な貿易相手は、東南アジアとインドであった。タイとは米穀の輸入、手工業製品の輸出、インドとは綿花の輸入、砂糖の輸出といった具合である。

イギリスはじめ西洋諸国の貿易商人は、一七世紀の終わりころから広州《カントン》にやって来て、本格的に貿易を営みはじめた。しかし当初は、微々たる規模であった。それが大幅な増加をみせるのは、一八世紀の後半に入ってからである。かれらが買い付けたのは、生糸・陶磁器など中国の特産品であり、なかんずく茶が注目に値する。産業革命の進展とともに、イギリスでは喫茶の習慣が定着し、大量の茶を消費するようになったからである。

それでもイギリスは、中国の貿易でまだ目立つ存在ではなかった。それがにわかに大きな地位を占めるようになったのは、一七八四年、イギリスで「減税法（commutation act）」が施行されてからのことである。それまで百パーセント以上だった茶の輸入税率を、およそ十分の一にまで引き下げたこの措置で、イギリスの茶買付は、爆発的な増加をみせた。しかもイギリスは、インドや東南アジアのように、中国が求める物産をもっていない。めぼしい商品として毛織物があるけれども、中国ではほとんど売れなかったから、いきおい銀をその対価とせざるをえなかった。こうしておびただしい量の銀が、中国に流入する。

要するに、中英貿易はイギリスのいわゆる貿易赤字である。そのほかにも、イギリスにとって清朝の貿易制度は、場所・相手・手続など制限・束縛が多く感じられるもので、改善の声があがっていた。冒頭で紹介したマカートニー使節団を派遣せねばならなかったのは、そのためである。もっとも結果は、述べたとおりの失敗に終わった。

イギリスの貿易赤字は、とりもなおさず中国の貿易黒字である。この銀流入は中国の物価を上昇させ、未曾有のインフレ好況、繁栄の絶頂を現出した。ちょうどそこに際会した乾隆帝の治世は、清朝の黄金時代となって「盛世」とよばれる。富力が増大して自信に満ちあふれた乾隆帝の態度は、マカートニー使節への応対でもよくわかる。しかしその繁栄は、長続きしなかった。

一九世紀に入ると、その反動というべき現象が起こる。中国は一七世紀まで一億の人口だったのが、一八世紀後半の好況で四億へと爆発的に増加していた。それが不況になるや、おびただしい人々が糊口の資を失う。失業者の増加で秘密結社や地下組織が増殖し、治安を乱す存在になった。かくて「盛世」は「衰世」へ転落してゆく。

オルコックがロンドンの西郊で生まれたころ、イギリスと中国の関係は、ちょうど転機を迎えようとしていた。

アヘン貿易

時あたかも、イギリスでは産業革命のただなかである。国内での資金需要が高まり、輸入する茶の対価として、大量の銀を持ちだす貿易は、もはやできなくなった。そこで目をつけたのが、植民地化を進めていたインドに産するアヘンである。これを中国に持ち込んだところ、売り上げが伸び、茶の支払いを相殺できた。つまり印中貿易はインドの黒字、中英貿易はイギリスの赤字で、それらを結び合わせて相殺する三角貿易が成立した。中国に好況をもたらした銀の流入は、これで途絶えてしまう。

さらに綿工業が興隆すると、製品を売り込むべく、植民地インドの購買力をつける必要があったし、生産を増やすために、綿花をはじめアメリカからいよいよ多くの輸入をしなければならなかった。そこでイギリスは、両者をアヘン輸出の黒字でまかなえるような貿易構造と、最終的な決済をロンドンの国際金融市場に集約させるグローバルな多角的決済網をつくりあげた。つまり産業革命がすすめばすすむほど、より多くのアヘンが中国に入る、というしくみである。そこにアヘン戦争が起こらざるをえない必然性があった。

中国のアヘン輸入はわかるだけで、一八世紀末はおよそ四十万人分の消費量だったのが、一八三八年には、十倍の四百万人分に急増した、といわれる。それだけ産業革命が進展したという証しでもあろうが、しかしアヘンは麻薬である。中国でもずっと禁制品であり、清朝政府もそれを取り締まっていた。にもかかわらず、アヘンは中国社会に蔓延し、それが戦争の原因になってしまう。

清朝の中国支配、その政治力というのは、そもそも微弱であった。中国社会の内部、あるいは民間の経済活動に手をふれない姿勢で一貫している。そのために権力が捕捉できない地下組織・秘密結社も多い。それが一九世紀に入っていよいよ増殖し、アヘンの取引に従事するものも少なくなかった。これが沿海から内地にいたるまで、牢固なネットワークをはりめぐらせて、アヘンを密輸密売していたのである。

清朝政府は一八三九年、ついに林則徐《りんそくじょ》という有能な官僚を貿易港の広州に派遣して、アヘン貿易の取締を断行した。イギリス商人から持ち込んだアヘンをとりあげて処分したのである。これにイギリス側が反撥して戦争が勃発した。アヘン戦争である。

図2　多角貿易概念図（アヘン戦争前）

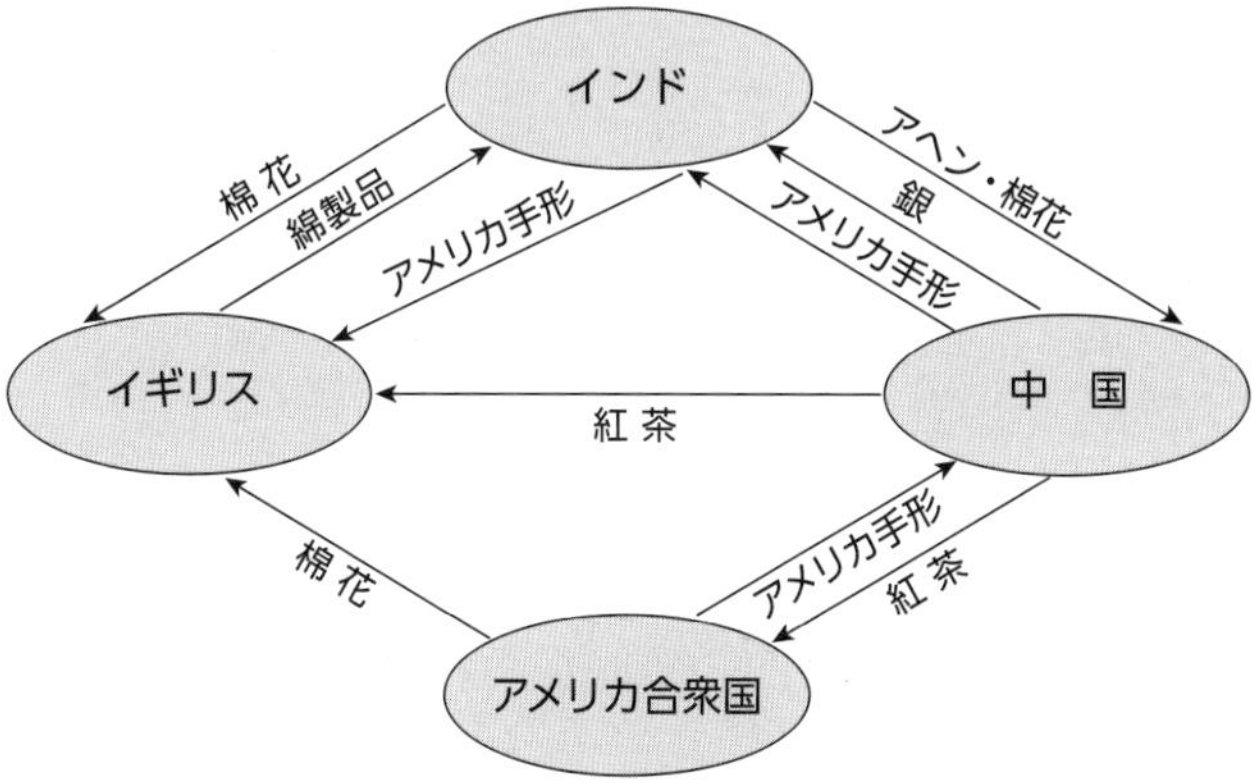

出典：並木頼寿・井上裕正『世界の歴史19 中華帝国の危機』中公文庫、2008年、57頁

オルコックと同い年のグラッドストーンが、一八四〇年四月七日の下院の討論で、戦争反対の演説を行って、これほど「不正義」「不名誉」な戦争はかつてなく、「ユニオン・ジャックはいまや、不名誉なる密貿易保護のために掲げられた」という名文句を吐いたことは有名である。しかし当時、外科医のオルコックがこの戦争を、あるいは中国そのものをどう思っていたのかは、わからない。

中国の開港

アヘン戦争は一八四二年、清朝の敗北におわった。戦争の経過をくわしく述べる必要はないだろう。終結させたのは、清朝とイギリスのあいだに結ばれた南京条約である。清朝はまもなく、アメリカ・フランスとも同様の条約を締結した。西洋諸国と西洋的な条約というものを結んだのは、史上初のことである。

半世紀前のマカートニーに対する乾隆帝の態度が典型的に物語るように、清朝の側ではとりわけ一八世紀の半ば以降、貿易相手国に対し、恩恵的に取引を許してやっている、という認識をもっていた。そして、あくまで自らは「中華」、相手は「外夷」であるから、そこには上下関係が存在して当然であり、西洋諸国・西洋人を対等の関係であつかおうとしなかったのである。

もちろん西洋人は、そんな態度・制度にあきたらない。「外夷」あつかいを望むところではなく、自分たちが思うとおりのルールで、貿易がしたかった。アヘン戦争はあくまで、アヘンが原因で起こった戦争である。けれども結んだ条約は、清朝との関係全般を改めるねらいがあった。広州一港と特許商人相手という制限に代えて、五港の開放と自由な貿易。上下の関係に代わる対等の交際。外国側の立場・観点によれば、一八四二年以後は新しい制度のもと、中国との新たな関係が始まる、あるいは始まるべきだ、ということになる。

もっともそれは、西洋側の主観的な希望にすぎない。清朝の側はたしかに条約は結んだけれども、それは戦争をしかけ、暴虐なふるまいをしたイギリスを、なだめておとなしくさせる方便にほかならなかった。清朝にとって条約は、武力で強要されたとりきめなので、文面は守らねばならない。また痛い目に遭うかもしれないからである。しかしその内容を、西洋の側のねらいどおりに解したわけではない。だからアヘン戦争をへても、戦争の原因をなした貿易の慣行はもとより、それに関係する政治・経済・社会の制度も、容易に変わりはしなかった。アヘンも禁制品のままである。

アヘン戦争で何が変わったか、変わらなかったか。その前後の中国で、何が起こっていたのか。現代の歴史家をも悩ませる問題は、とりもなおさず、わがオルコックが中国で直面し、理解を迫られる問題となる。

そうはいっても、オルコックは一八四二年の時点では、なお外科医として多忙な日々を送っていた。当時のかれは、もとよりそんなことを深く考えようともしなかったであろうし、またその必要もなかった。そのようにほとんど無関係だった一個人の人生と東アジア史の転換とが、数奇な運命で結びつく。

一八四四年、医師の道をあきらめ、外務省に入ったオルコックは、新しい中国の五港に駐在する領事として、極東に旅立つ。外科医から外交官へというのは、今日からみれば、およそ考えおよびもつかない転身、飛躍というべきだろうが、当時の感覚でどうだったのかはわからない。

イギリスからみれば、極東・中国というのは、いわば最果ての、文化果つる地だから、外交官といっても、欧米に駐在する者にくらべて、その人選に意を用いたとも思えず、資質・能力・適性などに対する頓着は、任命する側にそれほどなかったはずである。オルコックと採用を争った人たちの素姓はわからないものの、そのなかでオルコックを選んだのは、結果として正しかったとはいえよう。しかしそれが、現在でいうところの公正な銓衡だったとは思えない。意欲さえあったなら、われわれが想像するよりも、ずっと気軽でたやすい転職だったのかもしれない。

そうはいっても、なぜ領事なのか。極東なのか。やはり未知の海外勤務が魅力だったのか。どれだけ極東に関心があったのか、中国のことをいかほど知っていたのか。そのあたりのことは、杳としてわからない。単に偶然そこのポストが「空いていた」という理由にすぎない可能性すらある。いな、それは存外かなり高いかもしれない。

ただわかるのは、オルコックが挫折にも決して絶望せず、新しく眼前に開けた異境の地に、希望の光をみていたらしいことである。かれはその点、天性の楽天家でもあった。医学・工芸など、つちかってきた技能も、新天地で十二分に活用した。「知らず知らずのうちに、その生涯をかけた大事業の準備をなしていた」という正鵠を射た評言もあって、以後のかれの事蹟は、それを証明することになる。

若かりし日のオルコック（1843年）（A. Michie, *The Englishman in China*）

第 2 章

廈門から上海へ

1　中国の領事

「シンデレラ・サービス」

オルコックがいつロンドンを発ち、中国についたか、具体的な旅程、こまかい日付はわからない。ともかくインド洋を横断し、マラッカ海峡をへて南シナ海を北上する、長い長い道のりである。その数ヵ月、かれが何を考えていたか、これもわからない。もっとも、向かう先の中国のことについては、もちろんくわしく調べたことであろう。それまでに英語で書かれた本を読んだり、つい最近、母国が戦ったアヘン戦争のことも知っておかなくてはならない。その間に、かれが新しい職務に打ちこむ決意を固めたのも、おそらく間違いないところである。

かれは一八四四年一一月、最初の任地・廈門《アモイ》についた。そのときには、もう医者の顔はなく、まったくイギリスの出先・代表たる領事としてふるまっている。とすれば、ここでかれのついたポスト、その領事というものを、われわれはまず簡単にでも、理解しておかなくてはならない。

さきに「外交官」といったけれども、それはごく便宜的な表現であって、厳密には外交官と領事は異なる。後者の役割を大づかみにいえば、外国のある地に自国民が住む場合、その統率にあたる者である。当時、外国に居住する自国民の多くは、航海通商に従事する人々であり、領事はかれらを保護し、その利益を増進させる、そのために外国の当局と折衝する、という任務を負った。だからその権限は、その地の範囲に限られ、その地の自国民を代表する立場でしかない。つまり国家を代表する外交官ではなく、本国の政治とも原則として関わりはない。外交官の享受すべき特権も持たなかった。

領事の役割が法的に整い、国家が所管する公の業務になったのは、イギリスでは一八二五年のことである。この時期に、国家の対外関係で貿易が重要になり、国益に関わるものとなってきたからである。中国との貿易でいえば、一八三四年、東インド会社が独占してきたそれを「自由貿易」とし、政府が任命する貿易監督官の管轄にあらためた措置が、それにあたる。

対外関係を所管する外務省からみれば、こうした領事と本国を代表する使節の外交官とは、同じ任地で統属関係を構成するけれども、派遣する人員としては、まったく別の系統だということになる。これをイギリスでは「外交部門（diplomatic service）」と「領事部門（consular service）」という。それは部署が異なる、という以上の隔たりがあって、相互の乗り入れはほとんどなかった。系統というばかりでなく、階級も截然とちがっている。一口に実情を言うならば、「外交部門」は名門出身のエリートであり、上流意識の塊でもあった。

領事の立場からみれば、鼻持ちならない連中に、部下としてつかえねばならないわけで、領事はそんな上流意識の最大の被害者であった。気位が高く、いじわるな継母・継姉に下女のようにつかえるシンデレラに譬えられ、その職務も「シンデレラ・サービス」と呼ばれるゆえんである。そんな領事たちが、出世して継母たちと肩を並べる階級にのしあがる、いわゆる「シンデレラ・ストーリー」を起こすことは、ほぼ絶無であった。

もっとも、極東はいささか事情が異なっていた。領事のなかには、文字どおり「シンデレラ」となって、下働きから人の上に立つ地位にのぼった人が出てくる。まずオルコック、ついでパークス、そしてサトウ（Ernest Mason Satow）である。かれらはいずれも、もとも と中国・日本で領事、もしくは領事館勤務でありながら、「領事部門」と「外交部門」の壁をやぶって、公使になった例外的な存在だった。

本物のシンデレラには美貌があったが、それだけでは足らない。王子に見初めてもらうには、外から魔法をかけてもらうことが必要である。イギリス外交の「シンデレラ」たちには、美貌の代わりに個性豊かな有能さがあった。そしてそれをひきだし、きわだたせた魔法にあたるのは、極東という環境であろうか。この二つがあいまって、かれらに希有のチャンスを与え、希有の生涯を送らせた。

同じキリスト文明国どうしの交際であるヨーロッパ外交の世界では、名門の挙措と教養が不可欠ながら、その常識的な範囲を出るような出来事は、めったになかった。言語も英語とフランス語で、ほぼ事足りる。しかし異文明の世界では、そうはいかない。日常でも何が起こるかわからないし、言語もまったく異なる。そこでは、少なくとも経験と知識が蓄積されるまでは、名門というだけにとどまらない異能が求められた。

だからその「シンデレラ・ストーリー」の先蹤《せんしょう》をなすのが、オルコックだったという事実は、かれが異文明でこそ発揮しうる異能を有していたことを意味する。それならわれわれは、その異能を見る前に、かれが領事として赴任した場、環境というものを、ひととおり知っておかねばならない。

極東のイギリス外交当局

アヘン戦争の直前まで、イギリスの中国貿易を独占していたのは、東インド会社である。清朝中国では、イギリスに対する貿易港として広州を指定し、公式にはそこでしか、中英貿易は行われないきまりであった。この場合、広州とはそう称する都市区域のみならず、マカオなど周辺の貿易停泊地なども含めたエリアを指している。そこで東インド会社は、駐在社員からなる管貨人委員会を組織して、会社の貿易取引活動を管理した。

もっともイギリス側で貿易に従事したのは、東インド会社の社員だけではない。それ以外にも、会社の船を利用したり、あるいはインド産品をあつかったりして、独自に貿易を行った商人たちもいる。けれどもいずれの場合であれ、東インド会社の許可が必要だったので、中国での活動はおおむね、その指示統制にしたがうこととなっていた。

そこに不満も高まってくる。たとえば、利益のあがる茶の取引は、東インド会社以外にはあつかえなかったし、かたや密輸のアヘン貿易は、会社が清朝当局との関係悪化を恐れて、手を染めようとしなかった。アヘン密輸は社外商人の手で、半ば公然と行われたものの、密輸であることには変わりなく、リスクを含んだものである。そうした商人のなかから、東インド会社の方針・行動に反撥して、「自由貿易」を求める気運が生じた。

一八三四年に「自由貿易」の運動が実って、東インド会社の独占が廃止されると、中国に渡航居留するイギリス人の管轄にあたるのは、政府当局になった。これが先に述べた貿易監督官である。初代の首席貿易監督官に任じたのは、ネピア（William John Napier）という貴族である。イギリス本国から派遣されたかれが、文書のやりとりで清朝の広州当局と対立し、大きな事件を起こしたために、それ以前と以後との変化が、クローズアップされてきた。けれどもネピアとその事件を除けば、それ以前からの継続という色彩が濃い。おおむね東インド会社の関係者が任命されて、イギリス商人の統率にあたったからである。

イギリス政府の代表ではあったものの、実態をみれば、むしろ貿易港に駐在する領事と変わるところはなかった。

この貿易監督官の制度は、アヘン戦争を経たのちも存続した。ただし南京条約でほかの港も開かれて、広州一港だけの貿易ではなくなったから、各港に領事を駐在させることにし、それをたばねるのが貿易監督官という位置づけになる。この貿易監督官は、イギリスがアヘン戦争で獲得した植民地香港の統治にあたる香港総督を兼務した。そして「外交部門」に属する「公使」も、その貿易監督官が兼ねる、というのが、南京条約以後のイギリスの中国駐在外交当局のありようである。

「公使」といっても、香港に駐在していたから、任国清朝の元首や中央政府を直接に相手にすることはなかった。もちろんヨーロッパの外交現場で、しばしば目にするパーティなど、華やかな社交もあるはずがない。多く接するのは、香港に近い広州に駐在する清朝の地方大官であり、そこが清朝側の窓口であった。とはいえ、そこで話し合われることは、広州の貿易・居留から生じた懸案が多く、必ずしも中英の外交とか、関係全体を協議交渉する、ということにはならない。

要するに、南京条約が結ばれて、「公使」が設置されても、客観的にみるかぎり、中国のイギリス当局の性格に、大きな変化はなく、なおあくまで貿易本位だった。しかも広州以外の開港場は、イギリスはおろか、西洋諸国との貿易・通交の経験がない。その施設もない。ほとんど白紙の現状、一からの建設である。条約で定められた一般的な合意はあるけれども、まずはそれぞれの開港場で実地に、いかに貿易の実務を構築するか、あるいは関係者との関係を円滑にするか、が問題とならざるをえない。しかも中国との条約には領事裁判権も規定していたから、自国民に裁判権も行使しなくてはならなかった。

さらに通信の困難さがある。文書の往復は、上司の貿易監督官のいる香港・マカオと、最北の上海との間で、平均して六週間から八週間を要し、より近い廈門でも三、四週間かかることがまれではなかった。そのため、急を要するばあい、往々にして現場の領事じしんの判断で、事案を処置しなくてはならなかった。いいかえれば、現地の開港場に駐在する領事の裁量を大きくする条件がそろっていたわけである。

オルコックも後年、みずから務めた中国の領事のことを、「とりわけ特色のある地位だ」と述べたうえで、開港場の自国民の代表というばかりでなく、国家の代表、政治的な代理人にほかならないし、また裁判官でもある、つまり法官から行政官、すべてのことをこなさなくてはならなかった、と述懐している。けだし体験・実感に裏づけられた発言だろう。かれの初期の事蹟を見てゆくには、まず以上のことを頭に入れておく必要がある。

2　廈門と福州

着任

日付はつまびらかにはならないものの、ともかく一八四四年の秋、オルコックは香港に着き、そこで上司の公使兼貿易監督官デーヴィス（Sir John Francis Davis）から、廈門に領事として駐在するよう命ぜられた。オルコックが本国の外務省から拝命したのは、福州領事だったはずだが、これには若干のいきさつがある。

当時、新しく開港が決まった中国の港は、南から数えて、広州・廈門・福州・寧波《ニンポー》・上海の五つで、そのうち廈門と福州は、同じ福建省にある。いずれも、西洋との貿易はこれがはじめて、イギリスの官吏が駐在するのも、もちろんはじめての経験である。廈門は台湾の対岸に位置する港町で、そこに赴任した領事はグリブル（Captain Henry Gribble）という人物、もと東インド会社の関係者である。

一方、福州は福建省の省都である。そこにはすでに、前広州領事であったレイ（George Tradescant Lay）が、デーヴィスから任命を受けていた。レイはもともとマカオのキリスト教関係者で、南京条約を結んだポティンジャー（Sir Henry Pottinger, 1st baronet）の通訳として随行し、中国に来た人物で、まず広州領事に任ぜられ、領事館を開き、開港にこぎつけた。デーヴィスがその実績を買って、広州と同じ省都の福州に派遣したわけである。レイが領事として着任したのが、一八四四年七月のことで、オルコックが香港に到着する直前であった。

だからオルコックが福州領事として、にわかにイギリスからやって来たのには、デーヴィスや関係の領事たちは、実はいい気持ちではなかった。デーヴィスはアヘン戦争以前、東インド会社の管貨人委員会の一員だったこともあり、中国の滞在と経験はすこぶる長い。グリブルやレイにしても、その点は多かれ少なかれ、同じである。そんなかれらからみれば、ロンドンの外科医あがりのオルコックなど、ズブの素人にすぎない。本国外務省の意図もはかりかねたことだろう。

そんな男をいきなり福州に派遣して、任命したばかりで、領事館の開設に努力しているレイに代えるわけにはいかない。一方の廈門は前年の一一月二日に開港していたから、ひととおり時日が経っている。しかもそこは当時、外国人にとってすこぶる衛生環境が悪く、世界一不潔な港といわれた。領事のグリブルも十日間、視力を失うほどの眼病にかかったことがあって、少なからず疲労している。ここなら、新任のオルコックとすんなり交代が実現できるかもしれない。デーヴィスの感情、配慮はそんなところだったであろう。案の定その人事に、グリブルは不服を言い立てることはしなかった。こうして一八四四年一一月七日、オルコックは廈門領事に着任し、はじめて中国の地を踏んだのである。

領事館

廈門は古い港である。一六世紀、いわゆる倭寇の時代に密貿易の基地となって、ここから海にくり出す華人が多く出てきた。そのなかには、海外に住みつく人も少なくなかったから、いわば華僑の故郷のひとつでもある。そうした貿易と関係の深い地ということで、このたび開港場になった。

そうはいっても、この時期は上に述べたような環境である。外国人たちは、とりあえずイギリス軍の駐屯する対岸の鼓浪嶼《コロンス》という島に居住したが、先任のグリブルは領事館の場所・建物が決まらず、落ち着く先さえなかった。そこでまずは、正式な領事館を設置して、規律的な貿易通交ができる環境をととのえることが課題となる。しかしかれはその見通しがつくまでに、健康を害してオルコックと交代したのであり、前任者の課題をかれはそっくり受け継がざるをえなかった。

その点、オルコックは精力的で、着任するとすぐ、清朝の廈門当局と協議に入った。相手は福建省の民政長官・布政使にして対外交渉担当の徐継畬《じょけいよ》という官僚で、当時の中国では数少ない西洋通、のちに『瀛寰志略《えいかんしりゃく》』という世界地理書を刊行する人物である。そのためもあったのか、翌一八四五年のはじめ、交渉はうまくまとまって、アヘン戦争で壊れた官署の跡地に、領事館を建てることが決まった。

オルコックがそのプロセスで重視したのは、イギリスの威信を確立することだった。領事館の場所にこだわったのも、廈門城内の住民にイギリス国旗を示すことをねらったからである。もっともオルコック本人は、まもなく転出してしまうため、その領事館で執務することはかなわなかった。

パークスとの出会い

オルコックがグリブルから継承したのは、課題ばかりではない。部下の領事館スタフも、そうである。当時の廈門領事館の構成と待遇は、正確にはわからない。参考のため、ややのち一八四七年時点の中国駐在のイギリス公館を、図3にまとめてみた。実際にいた人たちで名前がわかるのは、副領事のサリヴァン（G. G. Sullivan）と上級補佐官のパリシュ（Frank Parish）、医師にして下級補佐官のウィンチェスター（Charles A. Winchester）と通訳官のパークスである。海軍出身のサリヴァンがオルコックと同年代である以外は、みな十歳以上は若い。このうち後二者が、のちのちまでオルコックと仕事をともにする機会が多かったが、何といっても日本人に有名なのは、すでに言及した、のち駐日公使となるパークスだろう。
オルコックの着任時、パークスは一六歳。まだ少年といってよい。かれはスタッフォードシャーの製鉄業者の息子だが、幼くして父母を亡くし、この三年前、従姉メアリを頼って、マカオにやってきた。この従姉の夫が、著名な宣教師ギュッツラフ（Karl Friedrich Gützlaff）である。布教の必要もあって、ギュッツラフは文語口語ともに中国語に堪能だった。

図3　中国におけるイギリス在外公館（1847年）

	職名	人数	年俸（ポンド・スターリング）
香港	貿易監督官	1	6,000
	次官	1	1,500
	秘書官	1	1,200
	その他		
	小計	10	10,316
広州	領事	1	1,800
	副領事	1	750
	通訳官	1	700
	華人書記	3	150
	その他		
	小計	9	4,629
廈門	領事	1	1,200
	副領事	1	750
	通訳官	1	500
	その他		
	小計	8	3,455
福州	領事	1	1,200
	通訳官	1	500
	華人書記	2	75
	その他		
	小計	6	2,450
寧波	領事	1	1,200
	通訳官	1	500
	華人書記	2	57
	その他		
	小計	6	2,462
上海	領事	1	1,500
	副領事	1	750
	通訳官	1	800
	華人書記	4	130
	その他		
	小計	10	4,112
	合計	49	27,424

出典：加藤祐三『黒船前後の世界』岩波書店、1985年、226頁表10を一部改変

パークスはそのもとで中国語の基礎を学び、やはり中国語に精通する宣教師モリソン（John Robert Morrison）に雇われて、働きはじめた。

ときにアヘン戦争のさなか、ギュツラフもモリソンも、貴重な中国語の使い手として、イギリス当局に重宝された。モリソンはイギリス全権代表

パークス

ポティンジャーの通訳・秘書となり、ギュツラフは舟山列島の占領行政に加わった。パークス少年はいずれにも随行し、南京条約の調印も目撃している。やがてかれは香港で、領事部門の中国語試験に合格し、福州領事館の通訳官に任命された。ところが福州の開港が遅れていたため、別の港に勤務することになり、廈門に赴任したのは、オルコックより五ヵ月前のことである。もともと福州を拝命していた点で、二人は共通していた。けっきょくオルコックが廈門に駐在していたのは、わずか四ヵ月の間にすぎず、ついで本来の任地の福州に赴く。少年通訳官のパークスがその転任にしたがったのも、理由のないことではなかった。

未知の中国で領事業務を行うには、何をさておいても、中国語に通じる人材が必要である。政府がそれを養成する制度がととのうのは、ずっとあとの話であって、この当時はほ

とんど現地採用である。パークスが少年ながら通訳官に任命されたのも、そんな事情がはたらいていた。

そんなパークスが家族にあてた手紙に、はじめて会った時のオルコックを「物腰に気品があって、典雅きわまる」と描いている。この少年にいい印象を与えたのは、まちがいあるまい。オルコック自身も初対面のパークス少年を「聡明そうな若者だった」と述懐しており、二人の出会いは好ましい雰囲気だった。それがおそらく、互いの将来にとっても幸運だったことは、のちに明らかになるだろう。

福州

廈門から陸路で二百七十キロほど東北にある福州は、福建省の省都であり、人口五十万を擁する、この地方全体の政治的・文化的な中心都市でもある。ほかの開港場と比べると、広州が同じような位置をしめる都市ではあるものの、こちらは百数十年にわたる貿易の経験と伝統があるのに対し、福州はこれまで西洋貿易の先例はなかった。そうしたところを開港場にしたのは、イギリスが清朝側の強い反対を押し切って実現させたものである。イギリス側がここにこだわったのは、福建省の内地山麓が茶の産地であって、それを分水嶺とする閩江《びんこう》の河口に福州が位置しており、遠隔の広州よりも、茶の輸出にははるかに便利で、安価に購入できると考えたからである。

もちろん清朝側は、イギリスの武力を背景とした要求には、屈せざるをえなかった。しかし強要された条約をその意図どおりに遵守するはずもなかった。とりわけ強く開港に反対した福州においては、ことさらイギリスに知られぬように、貿易を妨げようと画策した。

さきに述べたように、福州の領事に任じていたのはレイである。そのレイはしばしば、イギリス製綿布などの貨物を売り込もうとした。ところが当地ではだれも顧みる者がおらず、レイは失望し、「貿易を口にしなくなった」。これは福建省を治める総督の劉韻珂《りゅういんか》らが記したエピソードだが、その真偽はわからない。しかし福州が以後、一八五〇年代に入るまで、イギリスが期待したような開港場としては機能せず、外国人も集まってこなかったことは、事実である。レイはそれに嫌気がさしたのであろうか、着任して一年もたたずに離任した。廈門に異動し、ちょうどオルコックと入れ替わりになったわけである。

したがってオルコックがここでとりくむべき仕事も、なしとげた成果も、ほとんどないといってよい。かれもレイと同じように、一年くらいで次の赴任地・上海に異動した。ただその間、何もやらなかったわけでもない。いくつか、めぼしい出来事を追ってみよう。

在任の日々

　福州でまず懸案になったのは、廈門と同じく、領事館の開設である。領事館をどこに設置するかについて、レイは徐継畬と交渉し、南台の民家に置くことに決まった。南台は福州を流れる閩江の河口にある中洲である。ここは船着き場になっていて、たしかに船舶業務には、便利な場所である。しかしそれだけで、領事館の場所が決まるわけではない。これには貿易監督官デーヴィスが強く反対し、「イギリスの威信」のためにも、領事館を福州城内に移転するよう命じた。徐継畬は城内居住を条約が必ずしも定めていないこと、また地元有力者の排外意識が強いことを理由に拒絶したが、イギリス側は納得せず、けっきょく城内でも遠隔の烏石山にある仏寺に、領事館を置くことが決まった。

　この領事館の建物も決して十分なものではなかった。一八四五年三月、そこに着任したオルコックは、デーヴィスと同じく、「イギリスの威信」に関わるとみて、くりかえしそれを修繕させている。これは些細なことかもしれないが、こうした「威信」保持は開港初期に新たな関係を構築するには重要なことで、オルコックはそれに腐心し、やがて大きな事件を起こすことにもなる。

　さてオルコックの妻・ヘンリエッタは、受け入れ準備がととのうと、福州に呼び寄せられた。有望な外科医の断念と見知らぬ土地への転職。傍目には不幸と思えるそんな出来事も、円満な夫婦仲をこわさなかった。夫の転身にさいし、「闘病を見守ってきた若い妻は、自分にも降りかかった大きな運命の変化にもたじろぐことなく、静かに夫の背中を押した」。これは佐野真由子氏の女性らしい繊細にして勁烈な解釈であり、満腔の賛意をささげたい。だからはるかな極東の地でも、夫についてきたのである。

ヘンリエッタは奇しくも、福州に足を踏み入れた初の西洋婦人であり、ずいぶん当地の民衆から、奇異の眼で見られた。それでも一年後、彼女の母と妹も呼ばれて福州に来たというから、彼女は夫とともにその地の生活を楽しんでいたのだろう。

このとき親密の度を増したのは、夫婦仲だけではない。廈門から随行してきた若き通訳官パークスは、ことばもできず中国に不案内なオルコックにとっては、まことに重宝な存在で、右腕とも恃む存在になっていた。その反面、まだ幼いうちに極東へ来たパークスは、イギリス本国にいる知識人なら当然もちあわせている教養に欠けていたから、上司のオルコックとの関係が、それを埋め合わせてくれた。ふたりは相補い、惹かれ合う間柄だったのである。

そのパークスは福州で熱病にかかったことがある。高熱が十二日間、下がらなかった、というから、重病といってよい。オルコックは昔取った杵柄、医学的な知識と技術をフル動員して手当にあたり、夫人も献身的な看護につとめ、どうにか事なきをえた。ヘンリエッタは病床のパークスに毎日、聖書を読んで聞かせたという。

パークスはこのことを終生、恩義に感じ、オルコック夫妻に対する敬慕の情を失わなかった。オルコックがのち一八四九年、上海で別離にあたって述懐したとおり、来華当初、パークスから通訳をはじめ、「終始、有用な助力をうけた」のも、ぜひそうしたい、という青年の熱情があってこそ、はじめて生じた関係なのである。

もっともこの時期、イギリスの貿易港としては、やはり福州は有名無実の存在にすぎなかった。取引もなければ、居留民もいない。領事としてのオルコックは、いわば仕事がなく、閑職をかこつ境遇だったのである。

福州に貿易取引が皆無だったわけではない。琉球からほぼ毎年、朝貢使節がやってきて、ここで交易を行っていたし、アヘンも持ち込まれていたからである。アヘンの密輸はイギリス人・閩南人《びんなん》・広東人が従事しており、その人々のあいだで、一八四六年三月には南台で暴動事件すら起きている。オルコックも徐継畬と膝づめで交渉し、解決にあたった。在任中、唯一めぼしい事件だったといえよう。しかし日常的に通商が営まれていた、とはとてもいえない情況だった。

オルコックはどうやら、時間を無為に過ごすことができない男らしい。閑職は閑職なりに、領事の立場として、なぜ福州では、イギリス貿易が発展しないのか、考えをめぐらせる。こうした頭の働かせ方は、のちにも続いて、ほとんどかれの習癖のようになった。そしてそれは、福州にとどまらず、やがてかれの経歴そのものの転換にもつながるので、くわしくは後述しよう。

3　青浦事件

上海着任

一年半の福州勤務ののち、オルコックは上海へ異動になった。その前任者はバルフォア(Captain George Balfour)、南京条約を結んだポティンジャーに随行して中国にやってきた軍人である。もとマドラスの砲兵隊将校のスコットランド人で、アヘン戦争中にポティンジャーがその有能さをみこんで、上海駐在の領事に抜擢、任命した。

先にも述べたように、広州・福州は省都であり、清朝にとってきわめて重要な都市である。また広州・廈門・寧波はそれ以前から海外貿易の経験があり、そのため対外的なふるまいに、いわばクセのようなものがあった。新しい関係を築こうとするイギリスにとっては、いずれもやりにくい場所だったといってよい。

それに対し、長江河口に位置する上海という地は、ややちがっていた。アヘン戦争で近郊が戦場になったこともあったものの、いままでの行きがかりは、ほとんどなかった。その分、他港とは異なり、清朝の官民ともに、西洋人の来航や居留に、抵抗や警戒感もさして強くはなく、領事の任務も比較的容易だったといえよう。

そこでバルフォアは着々と成果をあげていた。一八四三年一一月なかばに領事館を設け開港、他港ではいろいろと問題になった領事館も、ここではすんなりと城内の五十二部屋ある大邸宅を賃借でき、以後、黄浦江ぞいの外灘《バンド》に移転するまでの六年間、そこで落ち着くことができた。

何より重要なのは、一八四五年一一月二九日、上海に駐在し、外国との折衝にあたる道《どう》台《だい》・宮《きゅう》慕《ぼ》久《きゅう》とのあいだで制定した土地章程である。これはイギリス人の居留地を定めたもので、上海県の県城の北、李家場を北界・洋涇浜《ヤンキンバン》を南界とする、およそ五十一ヘクタールを賃貸することを明文化した。これがすなわち、上海租界の誕生である。

逆にいえば、このころは領事館もそうだが、まだ外国人は県城内に居住していた。新たに賃貸した土地は、ほとんど何もなく、これからイギリス人が開発整備をしていかねばならなかったのである。

開港初期のイギリス領事館スタッフは、気候環境のちがいからか、健康を害する者が多く、死者も続出していた。オルコックとの関係者にかぎっていっても、グリブルは先に述べたとおり。レイは一八四五年、廈門で領事在任中に逝去した。清朝当局と比較的うまくやっていて、ストレスが少なかったはずのバルフォアも、健康上の理由で離任し、広州領事昇任の打診も固辞して、軍務にもどった。

要するに、当時のイギリス人にとってみれば、恵まれた職務ではなかったわけである。しかしオルコックには、この種の話をきかない。壮年に入って頑健になったのか、よほど健康に配慮していたのか、そこに持ち前の医学的な知識がはたらいていたのか、そのあたりはわからない。ともあれ、五港開港当初の領事館スタッフで、一八四〇年代の後半から五〇年代にかけての期間、継続してつとめあげたのは、かれをふくめ、ごく数人しかいないのも、厳然たる事実なのである。

オルコックが上海で新しいポストに着任したのは、一八四六年一〇月。パークスも同時に転任、代理通訳官として、ふたたびオルコックに随って仕えることになった。このころ上海に在留した外国人は、およそ百二十人。それから一年あまりくらいの間は、バルフォア時代の余沢からか、ほとんど何事もなく過ごせていた。そんなオルコックとパークスに、大きな事件が訪れる。

事件の発生と経過

上海から西四十八キロほど内地に入ったところに、青浦県というところがある。中国で県といえば、城壁に囲まれた政治都市であり、上海もそうである。一八四八年三月八日、メダースト（Walter Henry Medhurst）・ロックハート（William Lockhart）・ミュアヘッド（William Muirhead）という三名のイギリス人宣教師が、聖書その他の宗教書を配布するため、早朝に出発し、そこに赴いた。夕刻その帰途、多数の華人失業水夫の襲撃を受けて、時計衣服をうばわれ、ひどく負傷もしたけれども、現地の官憲に救出されて、かろうじて生命に別状はなかった。

失業水夫というのは、当時、大運河で政府の糧物を運搬するため、雇われていた者たちである。この年その運送を海路で行うことになったため、かれらは解雇され、何の補償も与えられなかった。その数は万を下らず、三万人という記録もある。青浦には三十七隻の糧船とおよそ七百名の水夫がいたといわれ、当局に抗議するかたわら、掠奪を行って住民を脅かしていた。宣教師たちはその不穏なただ中にとびこんだため、被害にあったわけである。

オルコックは翌三月九日、上海道台咸齢《かんれい》に対し、犯人の処罰を要求した。この事件がヨーロッパ人全体の生命・財産の安全に関わる問題であり、さらに外国人の合法的な行動が不当な制約を受けてはならない、という見地から、この事件を重視したのである。合法的というのは、この場合、宣教師たちの行動を指す。清朝・イギリス双方の前任者、バルフォア領事と宮慕久道台との間で、上海港の遊歩区域が協定され、一日行程で往復できる距離がその範囲内と決まっていた。青浦県はそこに含まれる、というのがイギリス側の見解だった。またこの宣教師たちは、過去にも青浦を訪れたことがあって、その時は何の問題もなかったのである。

清朝側と食い違っていたのは、まさにその点である。かれらは青浦は断じて、上海から一日で往復できる距離ではない、襲撃傷害は非があり違法だが、宣教師の行動も同時に違法である、とみなした。双方の言い分は言い分として、是非は定めがたく、イギリス側ものちに「二十四時間以内」と言い出しているところからして、多分に苦しい理由づけだったようである。ともかく道台の咸齢は、オルコックの要求に対し遅延策を取って、責任を回避する行動に出た。これがさらに、ことを大きくする。

三日まってても反応のない清朝側の態度に業を煮やしたオルコックは、三月一二日、折しも上海に一隻のイギリス軍艦が入港した機会をとらえ、上司の貿易監督官に指示をあおがず、独断で強硬手段に打って出た。

翌一三日、イギリス船による関税の納入を停止すること、上海から北京に向け、清朝政府の糧物を海路で輸送する船の出航を許さないこと、くわえて四十八時間以内に襲撃の首謀者たちを連行してこなければ、さらに他の手段をとること、を道台に通告する。一六日になお三日間の猶予を与えた。

イギリス軍艦は千四百にのぼる船の出航を阻止した。けれども、長期にわたってのこのような封鎖の継続は困難だったので、オルコックも早期の決着をめざす。あらたに入港したイギリス軍艦に、部下の副領事ロバートスン（David Brook Robertson）・通訳官パークスを搭乗させて、南京に駐在する両江総督李星沅《りせいげん》と直接に交渉させるため、三月二〇日に出発させた。

これに衝撃を受けた清朝側は、にわかに動きはじめた。江蘇省の司法長官たる按察使《あんさつし》を現地に派遣、同時に上海道台の咸齢を罷免して、その職務は呉健彰《ごけんしょう》に代行させることにする。三月二八日、容疑者十名が上海に連行され、イギリス側が確認した結果、首謀者・関係者であることが判明、オルコックは同日、糧船の封鎖を解除し、関税の納入再開にも同意した。こうして事件は、イギリス側の思惑どおりに解決したのである。

この時期は、くりかえし述べてきたように、「イギリスの威厳」を保持することが重大な外交課題であった。廈門と福州では、それが領事館の設置という、むしろ些細な問題ですんでいたのだが、この事件はちがう。西洋人の生命財産という、清朝と条約を結んで交際を行う根本に関わることであった。それを守ることは当然ながら、そのためにこれほど大胆不敵な行動に出ることができたのは、やはりオルコックの資質が非凡だったといわざるをえない。

余波

このいわゆる青浦事件は、オルコックの極東外交官としての評価を決定づけた事件である。迅速果断な行動、放胆な交渉手腕、いずれも以後の、かれを筆頭とするイギリス極東外交官の典型といってもよい。これはまた、イギリスあるいは欧米列強が極東外交で多用した、いわゆる「砲艦外交《ガンボード・ディプロマシィ》」の好例でもある。「砲艦外交」とは武力示威を行うことにより、しかも現実には武力を行使することなく、所期の目的を達成する手段であって、オルコック自身も、「長江を溯って大運河の入口を封鎖、ないしはその方向に武力示威をすることが、沿海の二十の都市を破壊するより、はるかに有効、直接に北京に脅威を与える方法である」と述懐した。

東アジアの人々にとってみれば、今昔を問わず、強硬なこわもて、非妥協的で辣腕な外交官というイメージが、オルコックと不可分なものになる契機でもあった。それはイギリスの上下からみれば、逆に有能な外交官としての印象が定着した、という意味である。

もっともこれは当時、相当に物議を醸した事件だった。清朝との険しい対立はいわずもがな、イギリス側の内部でもそうである。何より問題になったのは、オルコックの独断専行であった。ずばりいってしまえば、直接の上司・貿易監督官ボナム（Sir Samuel George Bonham）の不興を買ったのである。

開港場に駐在する領事は、その地を管轄する清朝の地方官と交渉するのが通例であった。この場合は、上海の道台とである。それよりも上級の官庁に、領事が直接申し立てをする権利は、清朝とアメリカ・フランスとの条約にそれらしき条文があって、オルコックはそれを最恵国待遇のとりきめにしたがい、やや強引に援用して、南京の両江総督のもとに軍艦を派遣する法的な根拠とした。

通訳官のパークスに至っては、それを正当化するために、清朝当局から来た文書を上司に報告するさい、ことさら意を曲げて訳した疑いすらある。アジア人を人とも思わない、植民地主義の申し子ともいうべき、後のパークスの行動様式をみても、この疑いはかなりの蓋然性がある。しかもこの場合、パークスは遭難した宣教師ロックハートの義弟でもあった。おそらくオルコックに強硬手段を進言した急先鋒だったにちがいない。そのあたり、自他とも認める強引なふるまいではあった。

ボナムは当時、香港に着任したばかりであった。オルコックから軍艦を南京に派遣するつもりだ、との報告を受けると、その措置を認めず、三月二七日、道台との間ですみやかな決着がつかない場合は、自分が清朝の対外窓口たる広州の地方大官と交渉する、との方針を示す。しかしその訓令がとどく前に、オルコックは行動を起こしており、しかもそれが所期の成果をもたらした。そのためにボナムも事後承諾せざるをえず、本国の外相パーマストン（Henry John Temple, 3rd Viscount Palmerston）も、オルコックの判断と行為を是とした。

いわば結果オーライということもあって、オルコックの行動そのものは高い評価を受けたのだが、ボナムにとって、こと思い通りに運ばず、しかもそれがむしろイギリスに好都合だった、という結果は、はなはだおもしろくなかった。以後オルコックとボナムとの間は、みるみる冷却してゆく。

ボナムは東インド会社に勤めていたこともあって、確かにそれまでの貿易監督官と共通する人物ではあった。けれどもさして中国の事情に明るくなく、事なかれ主義でもあり、何より本国の上司に卑屈で、部下の現地領事には高圧的、という困った性癖があったらしい。以後その矛先は、オルコックに向けられ、露骨な嫌がらせをくりかえす。その最たるものは、上海領事館の請求経費を半分に削ってしまったことで、さすがにこれは、オルコックも腹立たしかったにちがいない。

そんな上司のもとでも、オルコックは精力的に仕事にとりくみ、日増しに発展する上海の外国人社会の支持を集めていた。そのいきつくところ、中国の経済的中心となる上海の建設である。もとよりオルコックも、人口二千数百万、世界第二位の経済大国の中心にまで発展するとは、想像もできなかったであろう。しかしその出発点がオルコックの事業にあることは、まぎれもない事実なのである。

1857年の上海外灘《バンド》（H. B. Morse, *The International Relations of the Chinese Empire*, vol.1, Shanghai etc, 1910）

第 3 章
上 海

1　租界の形成

居留地の発展

青浦事件ののち、オルコックはパークスと別れることになった。パークスはまもなく賜暇帰国し、ついで一八四九年七月に廈門の通訳官に任命されたからである。一説には、青浦事件の功績によるものだという。

このポストはパークス自身、以前に就いたことがあるが、それはまだ開港当初で、本人も一六歳だったことを考えれば、この再任はむしろ正式、本格的な任命であり、将来の昇進も織りこんだ人事だというべきだろう。果たしてかれはその後、廈門・広州の領事に任命され、いわばオルコックのキャリアを後追いするようになる。それだけにオルコックと仕事をともにすることは、もはやなかった。

廈門在任以来四年間、右腕としてきたパークスを失っても、オルコックの仕事ぶりが衰えたわけではない。いな、その活動はむしろ、いよいよめざましくなった。領事は上海の居留民・居留地のあらゆることに、何らかの形で関わらざるをえない。しかしここですべてをとりあげるのは、とても無理なので、大きな事業を二つだけ、みることにしよう。す

図4　上海の初期租界（1853〜54）

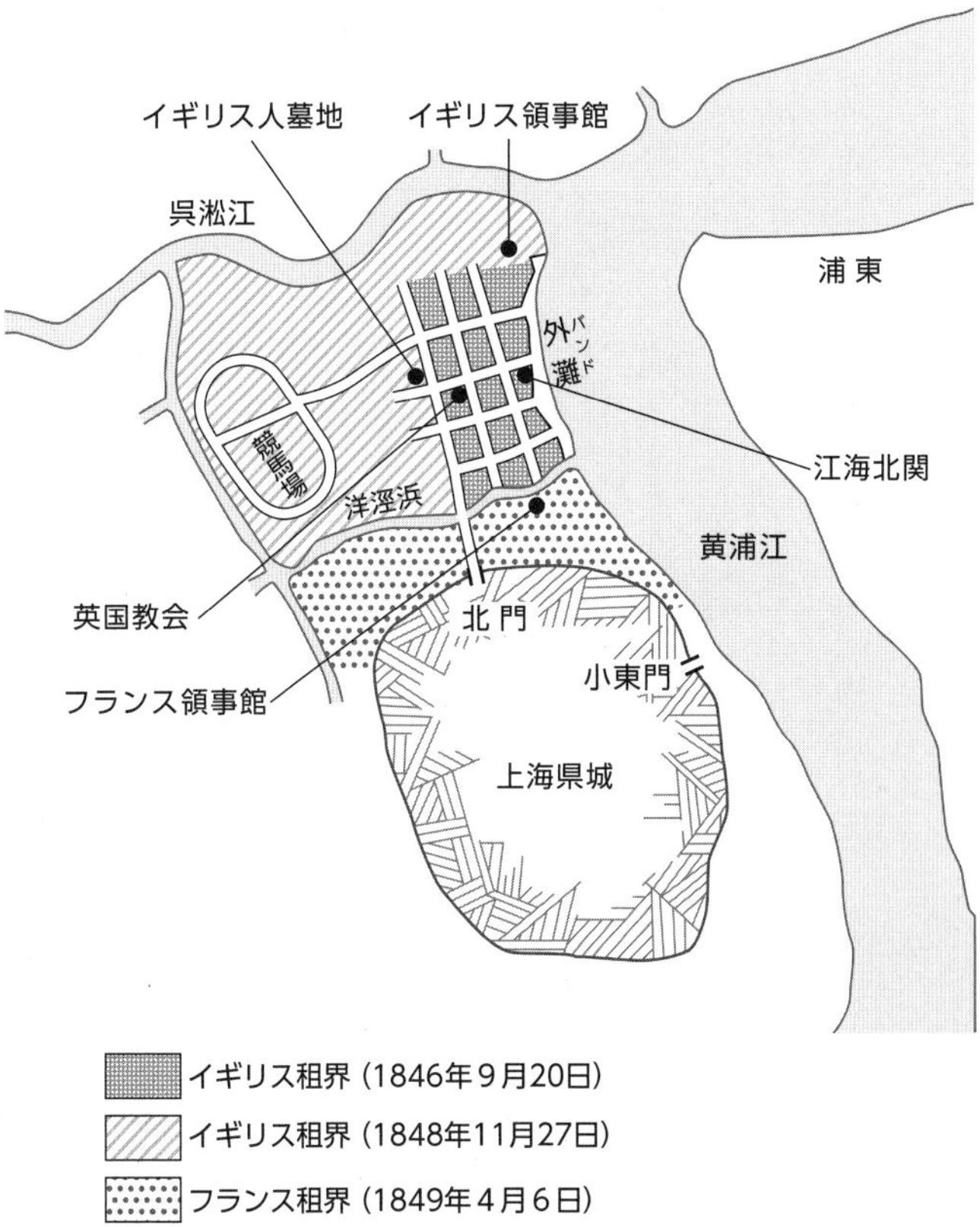

出典：J.K.Fairbank, *Trade and Diplomacy on the China Coast*, p.417.

なわち、租界の建設と税関の改革である。

オルコックが着任した一八四六年の秋は、居留地の区画が決まってまもない時期だった。そこでかれの肝煎りで、在留外国人は道路埠頭委員会（Committee of Roads and Jetties）という組織を結成して、この未開の低湿地の開発整備にのりだす。縦横に走るクリークを埋め立て、道路をつくり、黄浦江に桟橋を建設した。

青浦事件が起きた二日後の一八四八年三月一〇日、オルコックは居留地の現状を「きわめて満足すべき」だとして、次のように描いている。イギリスの居留地は急速に発展し、外国商社はアメリカの三社をふくめて二十四あり、オフィスと広大な倉庫をかまえている。このほか小売店が五家、個人の住宅が二十五軒、教会・ホテルもあり、黄浦江ぞい五百メートルにわたる地に分布する。それより西には公園・競馬場・共同墓地がある。こうした土地・建物への投資は、すでにおよそ十五万ポンドにのぼっていた。気候も良好で、開港以来四年間の死亡者は、わずか三名だという。

以上からわかるように、上海の居留地はこのころに、ようやく整備が緒につき、形を成してきたのである。県城内にいた外国商人たちも、移住をはじめている。この年の一一月、居留地の面積も拡大して、およそ一・七平方キロと、それまでの三倍余りとなった。一年後にオルコックは、さらに家屋の建設がすすみ、倒産した企業もなく、商社の用地もふえ、土地が不足している情況を報告している。一八四九年の七月、領事館もこの居留地内に移転が決まり、二年半ののち、黄浦江と呉淞江《ごしょうこう》とが合流する南岸に、新たな領事館が竣工した。居留地の地価がこの五、六年のあいだに、平均三倍もの騰貴を示したことが、何よりその情況を雄弁に物語る。

この都市開発は、まったく外国人が行ったものである。元来は清朝の当局と契約して借地したものの、その土地を都市化したのは、道路埠頭委員会を中心とする外国側であり、そこでかれらはこの居留地に特別な権利があると考えた。事実の上からいっても、領事のオルコックを議長として借地人会議を開き、この居留地のいっさいを決めて実行していたのである。オルコックがここを「自治共和国のようなもの」だと表現したのは、それなりの理由があることであり、また将来の姿を暗示したものでもあった。

オルコックがそう表明した一八五〇年になると、上の表からもわかるように、

図5 上海居留イギリス人の内訳（1850年）

性　別	男（うち独身154）	218
	女	34
地方別	イングランド	171
	スコットランド	49
	英領インド	21
職業別	公館員	5
	貿易商	75
	宣教師	9
	船　員	91

出典：加藤祐三『黒船前後の世界』岩波書店、1985年、198頁

上海在留のイギリス人は二百五十名をこえた。着任した四年前に比べると、倍増である。こうした経過をもたらした要因として、青浦事件以降、イギリス側と清朝側との関係がすこぶる良好だったことがあげられる。少なくともオルコックが問題とみるようなことは、まったく起こっていない。

また居留民の大多数は、貿易の関係者である。福建省産の茶がこのころから、上海に出てくるようになった。それまではアヘン戦争以前の輸送取引の慣行が、なお残っていて、広州を仕向地とすることが多かったのである。これで早くから中心的な輸出地となっていた生糸と合わせて、中国の特産品がいずれも上海で取引されたわけで、中国第一の港になる基礎を固めた。そうして伸びゆく貿易に、もちろん何の問題もなかった、というわけではない。その内実がオルコックの頭を悩ませることになる。しかしともかくも、こうした貿易の伸長が、上海居留地の発展を支えていたのはまちがいない。上海に集積した財産は、二千五百万ポンドにのぼる、と称せられた。

しかし順境は、いつまでも続かない。この一八五〇年の終わりから翌年にかけて、中国の内地では大きな内乱に発展する事件が起こっている。すなわち上帝会の金田村蜂起、太平天国の始まりであった。これが上海の運命を大きく変えてゆくのであり、そこでオルコックも大きな役割を果たす。

小刀会の蜂起と清朝との交戦

広西省の山間に興った太平天国は、二年の間に大成長をとげ、湖南省・長江流域を席巻、一八五三年三月一〇日に南京を占領した。中国全土を震撼させたその事件の余波は、上海の外国人居留地にもおよぶ。こののち華人の避難民が、県城の北にある外国人居留地へ大量に流入しはじめ、その数はまもなく二万人に達した。

このときそこに住んでいた外国人は、いかに多く見積もっても、三百五十名ほどにすぎないから、その立場よりみた治安の維持が喫緊の課題となる。そこで何より必要なのは、自前の武力であった。上海の英・米・仏当局は不虞の事態にそなえて、自国民からなる義勇隊を結成し、武装自衛をはじめる。こうして四月上旬に、上海義勇軍（S.V.C. Shanghai Volunteer Corps）が結成された。

果たして、まもなく上海の秘密結社で「反清復明」を唱える小刀会が、太平軍の南京占領で力をえて蜂起、一八五三年九月七日、県城を占領した。この占領は一年五ヵ月にわたってつづき、その間、清朝との交戦がくりかえされた。

この小刀会は広東省香山県出身の劉麗川《りゅうれいせん》という人物が首領で、同じ広東人や福建人の商人・水夫・人夫・遊民を主とする集団であり、太平天国と直接の関わりはない。実際に太平軍との連繋も、失敗している。小刀会は要するに、孤立無援だった。それでも上海の占領を続けることができたのは、隣接する居留地の外国人商人たちに、武器・食糧の供給を受けていたからである。

オルコックら上海居留地の外国当局は、太平天国の南京占領時はもちろん、小刀会による上海陥落にさいしても、中立を表明した。だからこのような外国商人の行動は、厳密にいえば、その中立に背いているわけで、清朝側も不快に感じていた。そうした不快感からか、あるいは軍事的必要に迫られてか、清朝側は居留地の附近、とりわけ境界のあいまいな西方で陣地をしいて軍事演習をくりかえし、実際に反乱軍との衝突も起こった。

そのためイギリス居留民も、危険にさらされるのはまぬかれなかった。居留地の西方にある競馬場にまで、砲弾が飛んできたという。一八五四年四月三日には、イギリス人と清朝軍兵士とのあいだで、衝突も起こった。

そこで翌四日早く、オルコックはついに清朝側へ抗議を申し入れた。もしその日の午後四時までに陣地を移転しないならば、外国の軍隊がこれを攻撃するであろうと。これに対し、清朝側は陣地の撤去に猶予を求め、性急な武力行使をさしひかえるよう要請した。しかしオルコックは、これを事実上の拒絶とみなして軍事行動にうったえることを決意する。

兵士たちは午後三時、教会の前に集まった。英米の軍隊とイギリス人が結成した義勇軍とを合わせて、計三百八十名。午後三時半に進軍を開始し、まもなく清朝軍と遭遇して交戦にいたった。これを「泥地の戦い（Battle of Muddy Flat）」と通称するけれども、その名のいわれは、よくわからない。英米軍は死者二名・負傷者十五名、清朝軍の死傷者は五十名を下らなかったという。その結果、清朝軍は県城より南に退き、外国側の主張どおりになったのである。もっとも、清朝軍が撤退したのは、実質的にはむしろ時を同じくした反乱軍の襲撃によるものだった。しかしともかくも、外国が居留地を防衛したことの意味は大きい。

戦闘そのものはごく短い、小規模なものにすぎない。一般的な中国史あるいは対外関係史の軌道の上からも、あまり重視するに及ばない。けれどもこと上海に関してみるかぎり、この戦闘の意味は小さくない。これは事実上、上海は外国人であれ華人であれ、外国が防衛する、という前例を作ったからであり、以後の上海が発展する歴史は、その前例にもとづいて展開してゆくのである。

第二次土地章程

もとよりこの軍事行動に、法的な根拠は希薄である。それだけに断を下したオルコックは、上司に説明する必要があった。翌四月五日、この事件をボナムに報告した書翰で「われわれがとった方法によらなくては、安全は確保できなかった」と弁明している。これはけっきょく本国からの承認も得たけれども、こうした弁明をしなくてはならないこと自体、必要に迫られた治安維持・実力行使の根拠が不足していたことを物語る。かれはそのため、今後のことも考えなくてはならなかった。

そこでオルコックは、フランス・アメリカの領事と協力して、居留地をとりまく変化に応じた法制化をすすめることとし、新しい土地章程を作成した。これは一八五四年七月一一日、かれ自身が議長をつとめた借地人の全体会議で討議、可決される。オルコックはその会議で長大な演説をおこない、内乱という危機的な状態にあるなかでは、外国人の住民が上海居留地の市政権を保持しなくてはならない、法的決定や合法的な武力行使など、市政に不可欠な権力とそれを行使するための機構をもつことが必要である、と強くうったえた。そうした企図のもとにできあがったのが、新たな第二次土地章程にほかならない。

そのうちもっとも重要なのは、第一〇条である。道路・橋・桟橋などを建設・補修したり、清掃・照明・排水など公共の施設を運営するため、借地人の集会を開いて費用負担を決定することを定めている。そしてそうした事業の実施と費用の徴収をおこなう恒常的な組織として、従来の道路埠頭委員会に代えて、理事七名からなる工部局を設立した。工部局はその財源で警察を保有して、居留地の治安維持にも役立てた。居留地はここに、外国人住民による「市政権」、自治の権力を有することになった。

もっともその治安維持、もしくは武装自衛は、外国人ばかりのためではない。オルコックも演説のなかで、居留地内に住む華人の安全に言及している。県城の北にひろがる低湿地が外国人の居留区域とされたのは、もともと華人の居住地との区別をはっきりさせるためで、かれらが住むことを想定してはいなかった。一八四五年の末に結ばれたはじめての土地章程では、実際に華人の生業や居住をさまたげる規定があったのである。ところが太平天国・小刀会の乱を通じて、多くの人々が退避してきたため、居留地は実質的に外国人と華人が雑居する空間とならざるをえなかった。第二次土地章程はこうした現実に直面して、定められたものでもある。当然、華人の居住を禁ずる規定は廃された。

以後の上海の発展は、居留地の市政権をもつ外国人よりも、それを有さない圧倒的多数の華人が、むしろ支えてゆくことになる。中国の政府権力が干渉できない空間。少数の外国人が権力を掌握し、住民の大多数を構成する華人が保護を受けながらも劣位に置かれる社会。外国の中国進出の橋頭堡《きょうとうほ》にして西洋文化流入の窓口。われわれが「租界」と呼んでイメージする実体は、ここにはじめてそなわった。

してみれば、オルコックは上海租界の建設者といってもさしつかえない。租界は以後、貿易の発展とおびただしい華人移民の流入によって、十年もたたないうちに想像を絶する発展をとげ、住民百万を数える大都市に成長する。もちろんオルコック自身が、その光景を間近で目睹しつづけ、そこから直接に利益を享受することはなかった。しかしかれこそがその礎を築き、種子を播いたのは、まちがいのない歴史事実なのである。

2　洋関の起源

中国貿易と税関

くりかえしをいとわず言えば、イギリスと中国の関係は何よりも、貿易が第一である。したがって開港場に駐在する領事も、その貿易をイギリスにとって、円滑有利にすすめることを第一の職責としていた。

問題はその、イギリスにとっての円滑有利な貿易、という意味内容である。そもそも当時の中国とイギリスとでは、同じ貿易取引の当事者でありながら、それを成り立たせる制度、あるいは観念に、大きな懸隔があった。それがアヘン戦争を引き起こす一因になったともいえる。

勝利したイギリスは、自らの制度と観念に即した、有利な条約を押しつけた。しかし当のイギリス人は、それこそあるべき正しい制度・観念にほかならない、と思い込んでいたから、押しつけた、という意識はなかったし、清朝側の観念や制度を顧慮、是認する意思もなかっただろう。条約とその精神にもとづく貿易取引が実現されること、それが当時のイギリス第一の利害関心であった。

それに最もふかく関わる南京条約の規定が、第五条に謳う「独占」の廃止である。イギリスの目標はいわゆる「自由貿易」の実現であり、清朝側の設ける不当な貿易の制限を撤廃することにあった。

その制限とは、ひとつはイギリスが貿易できる場所を、広州一港に限っていたこと、いまひとつは取引できる相手を、特定の商人に限っていたことにある。前者は南京条約第二条で、上海をはじめとする四港をくわえた、五港の開港を規定したことで実現した。オルコックもすでにそのうち三港の領事を歴任しており、こちらはもうくりかえし説明する必要はあるまい。問題は後者であって、それが第五条の規定にあたるわけである。

アヘン戦争以前、広州の税関・粤海関《えつかいかん》は、西洋貿易にあたる商人を、「外洋行」と称する少数の企業に限っていた。これを「広東十三行」ともいったりしたけれども、十三の企業があったわけではなく、数はもっと少ない。「行」は仲買商兼倉庫業というべきもので、中国内の流通取引と外国の貿易商を仲介する役割を果たしていた。

清朝では流通過程から税収をとりたてるため、こうした仲介の仲買・倉庫業者に徴税を請け負わせた。それには少数大規模のものを指定したほうが、当局の把握に都合がよいから、課税対象の貿易取引も自ずと、少数の「行」に限られるようになる。貿易に従事する外国人の眼には、それが「独占」と映ったわけである。しかも関税の徴収がその請負だったために、いかほどの税収がどこで、どのように課せられ、とりたてられたのかも不透明であって、外国商人の不満を高める一因となっていた。南京条約に外洋行の「独占」を廃止する規定を挿入したゆえんである。

条約・開港以後の変動

しかしこれを清朝当局者の立場からみると、また異なる。その任務はまず官僚として、税収をとりたてることにあった。そもそも清朝の官僚組織というのは、漢人支配だけに限っても、その広汎な範囲に比して、きわめて貧弱である。これは歴代の中国王朝政府が踏襲してきた、過度のチープガバメントの所産であって、正規に任用された官僚だけでは、行政が遂行できないしくみになっていた。この場合でいえば、徴税を貿易取引・流通過程から実現するのに、官庁だけではとても不可能で、取引に従事する大規模少数の仲買業者に納税を請け負わせるのが通例だったのである。少なくとも当局者・当事者にとっては、それが唯一無二の方法であって、それ以外の手段を考えつくことはなかった。

したがって、いかにイギリスが条約で「独占」の廃止を謳おうとも、清朝の側がその意をくむ行動をとった、あるいはとりえたわけではない。かれらが開港場で貿易に課する税収を確保するためには、ほかに新たな有効な方法がない以上、従来どおりの請負を、つまりイギリスの眼に「独占」と映る措置を、行わざるをえなかったからである。

もちろん上海でも、当初の事情はさほどかわらない。開港した直後、上海の税関・江海《こうかい》関《かん》も、少数の「行」に関税徴収を請け負わせようと試みたからである。一八四五年には、上海での総取引の三分の二をとりあつかって、「さながら広州の独占を髣髴《ほうふつ》とさせた」という「行」すらあった。しかしその後の経過が、ほかの四つの開港場と異なっている。

当時の領事バルフォアは、こうした「独占」企業の設立と徴税の請負に対して強く抗議し、まもなく沙汰止みになった。もっともそれは、バルフォアの抗議が効を奏したからではない。主要な理由は、貿易取引の方法が変化したことにある。

イギリス側の記録によれば、上のような「独占」的な仲買企業は一八四六年、多大の負債をかかえて倒産、そしてその種の企業は、もはや出現しなかった。外国商社も中国国内の商人も、こうした大規模少数の仲買を立てることに警戒を強め、個別直接的な取引関係を築こうとしたからである。その結果できあがったのが、いわゆる買辦《ばいべん》制度であった。

買辦（コンプラドール）というのは、もともとアヘン戦争以前の広州で、外国人の日用品などの買付にあたった華人使用人のことである。だがここ開港後の上海で、その意味内容は転換した。外国商社と個別に一定の契約を結び、その資金と委託をうけて、輸出入商品の買付・販売にあたる華人の代理人を指すようになる。これまで「独占」的な「行」がもっていた、輸出入貨物を集積する倉庫は、外国商社が所有、経営し、内地での売買は、買辦が外国商社に代わって行ったわけである。

貿易取引に関するかぎり、これはたしかに合理的な動向ではある。近代国家・国民経済を形成したイギリス側は、銀行や株式会社を組織し、企業に大資本を集中できる経済機構を有し、中国に来る商社も、潤沢な資金をもっていた。ところが、その取引相手となる華人の商人は、それに見合う資本がない。当時の中国では、権力が経済を保護、規制しなかったから、金銭貸借がごく狭い範囲に限られてしまい、一度に多額の資金を調達することができなかった。アヘン戦争以前に、外国の商社と貿易した少数の「独占」企業が、くりかえし負債をかかえて倒産したのも、そうしたところに原因がある。しかし外国商社は、華人に中国内地の複雑多様な言語や商慣習にまったく通じなかったから、そこでの取引は華人に頼らざるをえない。そこで、外国商社は倉庫を保有して資金を供給し、零細な華人商人がその資金を預かって、実質的な商取引に従事する、という関係になった。

こうした方法はおよそ一八四〇年代末から一般的になり、上海の貿易はこれによって、順調に伸びていった。けれどもそこで問題になるのが、江海関の関税徴収である。つまり少数の「行」に関税の納入を請け負わせる慣行だったから、その「行」が買辦制度で消滅してしまっては、江海関当局に関税を徴収する手段はなくなってしまう。そのため一八五〇年代に入って、上海港では密輸脱税が目立って起こるようになってきたのである。

外国人税務司制度の成立

江海関には大きく分けて、二つの施設がある。もともと県城の附近にあったもので、これを大関という。一八四五年になると、地図でも確認できるように、外国人の居留地内に、もうひとつ官署が設けられ、これを新関、もしくは北関と称した。これがいまも黄浦江岸にそびえ立つ上海海関ビルの起源である。

江海北関《こうかいほくかん》の設立はもちろん外国貿易に対処するためのもので、貿易取引を把握するのに便利な地点を選んだわけである。だが上に述べたとおり、建物はそうでも、当局はその徴税手段を失いつつあって、一八五〇年代に入って、その機能は麻痺しつつあった。そこに起こったのが、これまた先述の、小刀会の蜂起である。

小刀会は県城を占領したさい、上海で最も高位の官僚である道台・呉健彰を、その自宅に監禁した。呉健彰はまもなく、買辦から連絡を受けた外国人に救出され、県城外の居留地にあるアメリカのラッセル商会に避難する。事実上の亡命といってよい。

もとより道台にとって、たいへんな失態であるので、自身は亡命中ながら、失地の回復につとめねばならない。黄浦江上に船を浮かべ、そこから県城を砲撃する、ということまで試みたものの、そうした努力ははかばかしい成果をあげなかった。外国が清朝側にも、反乱側にもくみさない、中立の立場をとっていたので、居留地に滞在する呉健彰道台の活動は、ことあるごとに掣肘《せいちゅう》を受けざるをえなかったからである。その最たるものが、居留地内にある江海北関の問題であった。

この江海北関は小刀会蜂起のさい、乱民によって掠奪・焼き討ちを受けていた。所轄する道台じしんも亡命し、もはや権力も施設も失われたのだから、外国商人の立場からみると、江海北関の命に服する必要はない。もっと直截にいえば、輸出入の関税を支払わなくともよい、ということになる。なるべくなら税金など支払いたくないのは、現代のわれわれも抱く願望だが、このときはそれが公然と、実行できたのである。

もっとも、オルコックは領事であるから、当然そんな立場とは異なる。何より条約に遵

江海北関 1877 年（横浜開港資料館所蔵）

1925年竣工の現江海関（時計台の建物）（©IMAGEMORE Co, Ltd. ゲッティ イメージズ）

った通商の実施こそがかれの任務であって、それに背く密輸・脱税は、むしろ禁圧すべき対象だった。

だからといって、呉健彰が居留地内にあって、随意に外国貿易から関税を徴収するのを、オルコックは黙って認めるわけにもいかなかった。外国商人がおしなべて江海北関の規則に遵わない以上、領事当局も自国の商人に荷担せざるをえない。他国との対等な条件という観点からすると、自国商人のみに規則どおりに納税せよ、と強制はできなかったからである。

そこでオルコックは、アメリカ領事の協力を得て、応急の措置をとる。貿易を行う自国商人から、課税額の約束手形を提出させたうえで、通関を認める、手形は領事館であずかっておき、江海北関が復旧し税関業務が再開できたさい、その手形を清算する、という方法だった。これで条約の違反をまぬかれ、通商の秩序を守ろうとしたわけである。

しかしこの措置は、外国商人からは批判の声があがったし、イギリス本国からも支持が得られなかった。一八五四年二月までおよそ五ヵ月の間、相当の額にのぼった未清算の手形を残して、この措置は終了する。

ついで道台が行政を再開したけれども、依然として脱税行為はやまず、効果は上がらなかった。事態をみかねたオルコックは、アメリカ・フランスの領事の協力をとりつけて、六月の終わりに、ふたたび呉健彰に新しい提案をもちかける。

それは外国人の管理の下に、江海北関の業務を行うという方法であった。英米仏三ヵ国の領事がそれぞれ、外国人の委員・税務司一名を推薦指名、道台が正式に選任し、その三人が合議して輸出入に対する税関行政にあたる。これを外国人税務司制度（Foreign Inspectorate of Customs）といい、一八五四年七月一二日より施行されることとなった。

オルコックの眼

その実務は以下のようなしくみである。まず要処に配した外国人税関吏に課税評価を行わせ、課税額を明記した徴税令書を外国商人に交付する。外国商人がその額を納め、領収証をうけとると、外国人税務司がその領収額と徴税令書に記す課税額とをつきあわせ、全額の納入を確かめたのちに、通関を認めた。外国人官吏が外国商人に申告・納税を義務づけることで、課税額と納税額を正確に把握し、脱税の起こる余地をなくしたわけである。華人仲買商に請け負わせる旧法とは、截然と異なる方式だった。

オルコックの当初の心づもりでは、内乱と当局者の亡命で生じた異常事態に対処する、暫定的な処置だったのかもしれない。しかしそれは決して、その場かぎり、一時しのぎの対策ではなかった。かれの報告書を読むと、上海における密輸・脱税の盛行は、目前の内乱で起こったのではなく、買辦制度が普及したため、江海北関が徴税手段を喪失したからだ、と看破していたことがわかる。かれの考案した方法は、なるべく従来の制度枠組に逆らわず、その失われた空白部分に、西洋的な徴税手続を補うものだった。

それを受け入れた清朝の側も、はじめは一時的な処置と思っていた。オルコックが示した将来の方法に、そもそも関心をもったとは思えない。かれらが欲しかったのは、何よりも現金である。内乱を鎮圧する軍費を調達するため、それまでに蓄積された百二十万両におよぶ未納関税、手形の弁済を求めていた。外国側がそれを約束したから、ひきかえに外国人税務司制度をも容認したのである。実際のところ弁済の約束は反故となり、未納関税の全額は支払われなかった。それでも清朝側は、外国人税務司制度容認の姿勢を変えることはなかった。かれらにとっても、それが有用だとわかったからである。

これ以後、江海北関では外国貿易に対し、税率表に定める課税に即した徴税が行われる。西洋の観点からみれば、条約規定にのっとった秩序ある通商がうちたてられたわけで、それがオルコックのねらいだった。それは同時に、清朝の側からみれば、密輸脱税が激減して、かつてなかった額の税収が確保されたことを意味している。

このように双方の利害が一致したため、外国人税務司制度は一八五八年の天津条約で、全開港場に施行されることが決まり、まもなく組織化されて、イギリス人総税務司が長となり、外国人が奉職する洋関（Foreign Customs）という一大官僚機構が生まれた。これはおよそ百年間、中華人民共和国の建国まで存続したものである。

のちに成長をとげて、定着永続する、という経過は、租界にも共通する。その経過じたいは、もちろんオルコックのあずかり知るところではなかった。けれども租界にせよ、洋関にせよ、いずれも中国の近代史を特徴づけ、またその展開を決定づけた制度である。多分に偶然ながら、オルコックが両者の生みの親となったのは、かれが良くも悪しくも、近代の中国というものに適合した制度を案出、建設できたことを意味する。

建設を成功させるには、立地環境にせよ、設計・工程にせよ、周到で透徹した洞察力がなくてはならない。だとすれば、租界と洋関を生み出したオルコックは、それが抜群だったことになる。そう思ってみなおすと、かれの観察は上海現地の、目前の課題に応ずるものばかりではなく、いっそうスケールの大きい視野を有している。少し時をさかのぼりつつ、その観察をくわしくあとづけてみよう。

3　オルコックの貿易報告

福州の貿易不振

領事の仕事は、開港場の貿易に従事する自国商人を管理、統轄することであり、折にふれ、その情況を上司・本国に報告しなくてはならない。つまり当地の貿易事情の報告書を作成、提出する義務がある。当時の中国は、今日でいう経済や統計の観念が乏しかったため、清朝側の記録・史料だけでは、なかなか具体的包括的な経済情況を知ることができない。そんな時に、イギリスの領事が書き残してくれたこの貿易報告は、ある種の偏りはあるものの、貴重な資料として利用できる。

もっともそうした貿易報告も、すべてがひとしなみに良質だとはかぎらない。そのできばえは作成者によってまちまち、ずいぶんおざなりなものもある。そのなかで量・質ともに屈指だといってよいのが、オルコックの手になる報告書にほかならない。

かれが領事の職務を本格的にはじめたのは、福州においてである。上にも述べたとおり、そこは貿易がほとんどなかった。だから貿易報告としては、少なかった、と事実だけ書いておいても、別にかまわない。しかしオルコックは、それで満足はしなかった。なぜ福州で貿易が発展しないのか、その原因をつきとめるべく、中国語に堪能なパークスの助力を得て、かれなりに調査を行い、一八四五年・四六年にあいついで執筆した報告書で、その成果を書きつらねている。

イギリスがアヘン戦争にまでうったえて中国の開港をうながしたのは、何よりも第一に、産業革命で生み出した綿製品を売り込むことが目的である。そしてイギリスの出先であるオルコックも、その目的に忠実だった。かれはまず、貿易不振の福州でイギリス綿製品の需要があるかどうかを調べ、外国綿製品が福州城内で小売されている情況にくわえて、その購入に消極的ではない中国商人の意向をも確認する。

イギリスのいまひとつの目的は、茶の購入である。福州を開港場にしたのも、より産地に近く、安価に買い付けることができる、と見こんだからである。オルコックが調査したところによれば、中国側の生産者も商人も、茶を販売するなら、福州のほうが広州より好ましいと思っているし、福州から茶を輸出しようとする華人の商人もいた。むしろ問題なのは、福州での需要である。オルコックはそこで、綿製品の輸入がそれを提供できるものと考えた。イギリス綿製品を持ち込むだけでは、大量の取引はおぼつかないだろうが、茶とのバーターにすれば、十分その対価になりうる、と判断したのである。

以上の見通しどおりにいけば、福州でも貿易は増えてよいはずである。にもかかわらず、現実はそうならない。オルコックの診断としては、第一に、「華人商人ではなく、イギリス商人にその責任がある」。つまり中国側がイギリス綿製品をうけとらないのではなく、イギリスの商社が持ち込もうとしない、というにあった。

では、なぜ持ち込まないのか、といえば、イギリスの大手商人が、中国市場ではイギリス製品よりもインド産物、とりわけアヘンを好んであつかうからである。禁制品のアヘンは利益が大きいのみならず、つねに現銀で決済されたため、その輸入が大きければ、中英ともに綿製品の市場を開拓する余裕はなくなってしまう。オルコックはこれこそ、福州の貿易不振の理由だと断じた。以後一貫して、かれが密貿易を敵視したのも、こうした福州での経験と観察によっており、その行動にも一定の影響を与えることになる。

中英貿易の構成

しかしながら、この考え方はすべてが正しいとは思えない。イギリスの貿易は東インド会社の時代から、本質的に茶と生糸の買付であり、それはこの時期にもかわっていない。変化したのはその決済方法であって、それまで現銀で支払っていたのが、一九世紀に入って、アヘンを介在させて行われるようになった。それが可能だったのは、アヘンを中国が需要したからである。逆にいえば、中国の側が求めないものは、決済の手段にはなりえない。オルコックが信じて疑わなかったイギリス綿製品に対する需要は、たとえあったとしても、量的に決して十分ではなく、アヘンに取って代わることはできなかった。まず綿製品の需要を貿易発展の端緒に置くのは、当時のイギリス領事としては当然の発想ではある。だがそれは必ずしも、中国市場の実情に即したものではなかった。

もっともオルコックの観察は、こればかりではない。かれは福州貿易の不振に対し、もうひとつ診断を下している。それは同じ時期、福州とは対蹠的に、貿易が増しつつあった上海との比較からみちびかれたものである。

上海が開港してまもなく貿易が発展したのは、有利な地理的条件にくわえ、ヨーロッパ人と接触をもってきた「広州人仲買人（Canton Brokers）」のはたらきによる、というのがオルコックの観察であった。イギリスの求める茶や生糸を内地から港にひきだすには、資本の集中と投下が必要であり、そのためには資本を有するイギリスにとって、内地の取引ができる「仲買人の仲介」が不可欠だった。これが先にみた買辦制度を指すのは、いうまでもあるまい。福州のばあい、地理的条件はそなえていても、「仲買人の仲介」・買辦制度が欠如していた。

この診断の正しさは、のちに実証される。一八五三年、太平天国など内乱が長江筋で激化したため、茶が上海に出てこなくなると、福州で茶を買い付けようという動きがはじまった。そして上海のアメリカ商社が買辦を産地に派遣し、輸出に着手すると、たちまち福州は茶の一大輸出港に発展したのである。つまり福州の貿易拡大は、上海の買辦制度の派生によっている。

そこで、オルコックは歎息せざるをえなかった。

中国で開港場を新しく開いたのが、工業製品の貿易拡大をめざしたものであるなら、その数量を減らしたり、複数の開港場を名ばかりにとどめ、一港のみを有利にしてしまう政策や努力は、自殺行為というにひとしい。それは実際には、広州を上海に置き換えるだけであって、アヘン戦争と南京条約が西洋世界を解放する以前の抑圧状態にひきもどすものではあるまいか。

「広州を上海に置き換えるだけ」という言が、なかんずく印象的である。

福州貿易の不振を究明しようとした結果、かれのいきついた認識は、条約を結んだ後も、以前とさして変わらぬ中国貿易の実態であった。それはひいては、条約というものの有効性に対する疑問、およびそれと密接に関連する、中国の政治機構や経済構造に対する注視を生み出す。かれが後年にみせる独自の視角や態度は、多くこのときに胚胎したものだといって過言ではない。

上海の貿易報告

オルコックが福州で報告書を書き上げた一八四六年は、イギリスにとって、中国貿易の深刻な現実を自覚せざるをえない年であった。すなわちこの年、綿製品の対中輸出が激減し、恐慌が起こったのである。かつて一八四二年、全権のポティンジャーが南京条約を結んだとき公言した、「人類の三分の一」との貿易がはじまる、あるいは「ランカシャーの全工場を稼働させても、靴下の材料すら中国の一省を満たすことはかなわない」という希望や期待は、まったくの幻想だったことが判明した。

そこでイギリス議会は翌年三月、中国貿易特別調査委員会（Select Committee on Commercial Relations with China）を組織して、その原因をつきとめることにする。委員会の結論としては、綿製品の輸出が減ったのは、これを購入する中国側の支払手段が乏しくなったからであって、イギリスが中国茶の買付を増やしてやれば、綿製品の輸出も増すはずだというにあった。これには、当時の開港場でなお中英間の信用が確立していなかったため、多くの取引がバーターで行われていた、という事情も作用している。ともかく本国は、イギリスが綿製品を売るには中国茶をたくさん買えばよい、という方針を示したのである。

この委員会の議事録・報告書が印刷公表された一八四七年七月、オルコックはすでに上海領事であり、その立場から中英貿易を考えはじめていた。その折も折、この議事録を目にしたかれは、さっそく筆を執り、翌年の春、たてつづけに長文の貿易報告を作成して、委員会の結論に反駁する。いわく「中国からの輸出増加は、綿製品の輸入には結びつかない」。その趣旨は上海の、ひいては中英貿易全体の正確な事情を知らせることにあった。

以下、簡単にその内容を紹介しよう。上海の貿易は①外国貿易、②沿岸貿易、③茶の取引、④生糸の輸出、⑤アヘン・正貨貿易という五つから成る。①は欧米との直接貿易、外国船による沿岸貿易、東南アジア・オーストラリアとの貿易があるものの、アヘンを除いてあるので、ほとんどを欧米との直接貿易がしめる。②はもともと、華人が中国沿岸から東南アジア全域にわたって営んだジャンクによる交易だった。それがこのとき、ジャンクから外国船舶、つまり①への転換が顕著になっている。③では、とくに華人の茶商と外国商人の直接取引が起こってきた、という取引形態の変化をみのがしていない。つまり先に述べた買辦制度の形成である。

④の生糸・絹の取引は、ほぼ満足すべき現状だと評する一方で、なおコストの引き下げなど、改善の余地があることを指摘した。もっともこれには、内地関税が関わっていたから、その早急な解決は難しい、と自覚もしている。貿易商品に対する内地課税の問題は、

図6　世界送金図

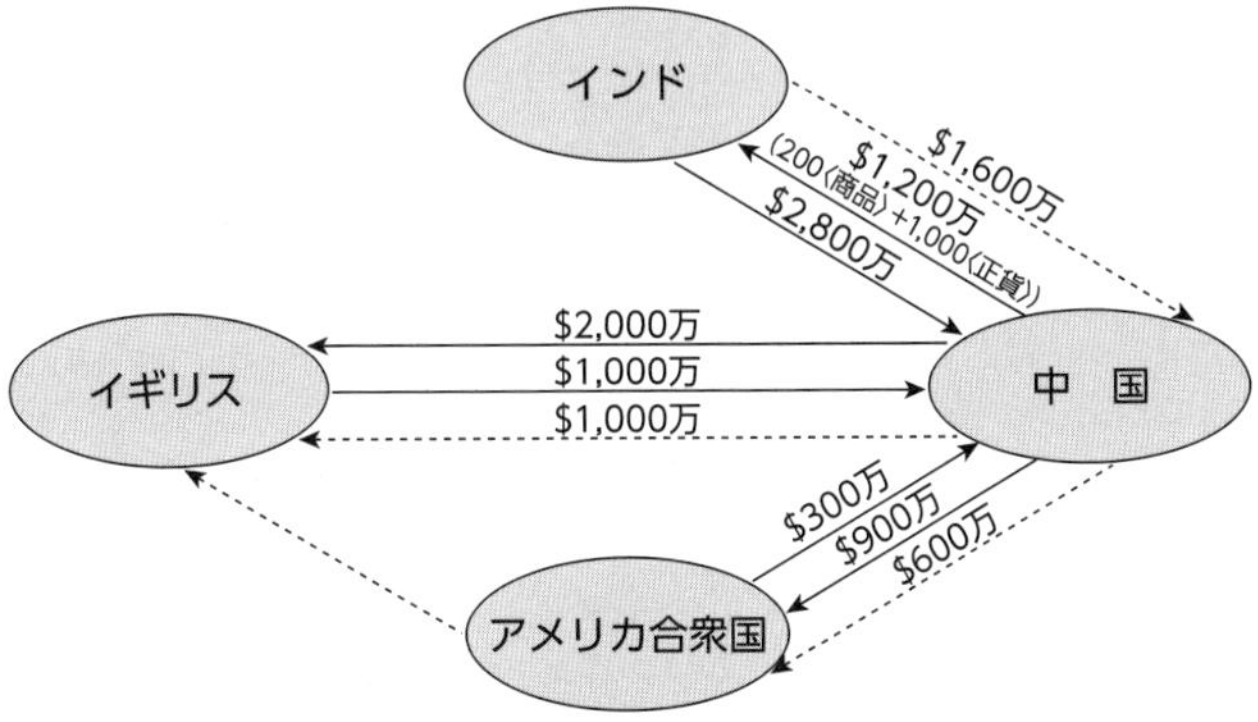

※A──▸B、A---▸Bは、それぞれA国のB国に対する輸出と出超とを示す。
出典：中里成章「ベンガル藍一揆をめぐって（1）」『東京大学東洋文化研究所紀要第83号』（東京大学東洋文化研究所）、1981年、125頁を一部改変。

この当時はまだ顕在化していなかった。けれどもそれは、のちに深刻な課題としてオルコック自身、解決を迫られることになるから、この着眼は予言的だといってもよい。

いっそう注目すべきは、⑤である。アヘン貿易をとりあげたのは、福州時代の関心をひきついだものだが、しかしその分析は、まったく同じではない。まずオルコックが指摘するのは、イギリスにとってのアヘン貿易の不可欠性である。それはすでに中米・英米の貿易ともリンクし、グローバルな規模と構造を有しており、イギリス・インドの税収・送金もそこに依存しているから、やめたくてもやめられないものと化している。

そして①③④のような合法貿易だけなら、イギリスの貿易赤字だが、そこにアヘン貿易を加えると、一千万ドルの黒字となる。図6は、それをまとめたものである。上海はおおむねその半額をしめており、これを相殺しなくては、綿製品の輸入が増えようはずもない。

第1章でごく概略ながら、アヘン戦争前の中英貿易の構造を説明した。その構造はオルコックも述べたように、南京条約以後も基本的に変化はない。アヘン貿易を要とする三角貿易や多角的決済構造、あるいは世界市場の形成など、いまや半ば常識となっていることがら（図2・35頁）は、その当時、渦中にいた当事者たちには、なかなか知覚できないものだった。その全体像をはじめて示したのが、このオルコックの貿易報告だった（図6）わけであり、その意味では、かれの恩恵は現代にまで及んでいる、といっても過言ではない。

中英貿易の処方箋

もっとも、かれは学究ではない。あくまで領事であり、実務家であるから、観察して終わり、とはならない。診断を下したなら、処方箋を出すのがつとめであった。

まずアヘン貿易である。綿製品輸出の障碍となっている以上、かれはアヘン貿易およびその増加には、明確に反対の立場だった。しかし自らがそれを公然と禁圧したり、抑制したりするのは、職権を越えているし、その不可欠性を認識した以上は、なおさら手をふれるわけにいかない。

そうはいっても、アヘン貿易が違法のままでは、現実の取引が表に現れず、全体として正確な貿易情況をつかむことができない。中国市場ではアヘンと綿製品とが競合関係にあり、後者のほうがその需要にこたえている。そんな情況も、イギリス本国に伝わらない。また開港場に駐在する領事の立場からいえば、清朝の規則に背いた取引が横行していることも、悪質だった。アヘン貿易の存在は肯定しながら、拡大を否定する。オルコックはそのため、当局の規制が効くように、ひとまず目前の密輸状態をあらためて、合法貿易としてはどうか、という提案もしているのである。

問題意識はさらにひろがる。こうした違法の取引を禁圧できない清朝の税関当局に対し、かれは福州駐在時代から、疑問の眼を向けていた。実務上、条約にしたがった秩序ある貿易を実施するためには、有能な税関が必要である。その認識は密輸が横行した上海で、さらに確乎たるものになった。外国人税務司制度の設立がその所産なのは、もはやいうまでもあるまい。それはオルコックの診断に即した、重要な処方のひとつだったのである。

ついで綿製品。オルコックはこれには、いっそう悲観的であった。かれがまず指摘するのは、上海にいるだけでは、中国内の市場動向がわからない、ということである。当時の中国経済の中心は蘇州《そしゅう》にあり、上海はいわばその外港にすぎない。上海から入った綿製品は蘇州まで行っても、そこからさらに内地へは浸透せず、寧波へ流れて再輸出されてしまう。つまり内地への販路は、蘇州およびそれより内地の意向が左右しており、「名目上は自由でも、実質的には禁じられた」状態だった。

これを改善するには、外国商人が直接に「一次市場にアクセス」する必要があり、そのためには、いっさいのヒトとモノの移動に対する制限を撤廃しなくてはならない。しかし外国商人に中国内地への立入を許してよいか、はすこぶる疑問である。アヘン貿易の盛行からわかるように、かれらは清朝の法律規制をまったく尊重しない。清朝の政府当局にとらず外国人も、条約に則った秩序ある貿易の障碍になっている、というのがオルコックの意見であった。

当時の清朝側の事情も無視できない。たとえば、内地課税はモノの移動を妨げ、貿易に悪影響を及ぼしかねない制限の最たるものである。しかしそれを外国が逐一検証して、撤廃させることがほんとうにできるのか。それには中国の内情に対する理解が、どうしても必要になる。だが、そもそも外国の側は、中国の政治情勢・財政機構、あるいは経済構造をどこまでわかっているのか。理解もしないまま、一方的に条約規定の遵守を求めてもよいのか。オルコックはそこまで考えはじめていた。

飛躍

このようにみてくると、オルコックの資質は一八五〇年代までに、大きく伸長をとげたことがわかる。上海での観察は福州時代と比較して、いっそう視界のひろがりと奥行きが増した。はじめは中国の各開港場の内外交易だけだったのが、イギリスのグローバルな貿易の一環として中国貿易をみるようになったし、他方で中国内部の政治・経済構造への洞察が深化している。そこからアヘン貿易の断念と綿製品の輸出、ひいては内地市場への進出に対する悲観が生まれた。これはいずれも、当時の中英関係、あるいは中国経済を考えるうえで、欠かすことのできない論点であると同時に、イギリスの中国に対する姿勢をも左右する観察にほかならない。

これは行動によっても裏づけられる。かの青浦事件では、オルコックはひたすらイギリスの条約権利を主張して、高圧的な「砲艦外交」にうったえた。そこに清朝側への配慮らしきものは、微塵もみいだせない。それに対し、外国人税務司制度の設立は同じく条約遵守を目的としながらも、清朝側の機構や利害をみきわめた措置である。中国の近代的な主権を主張する立場からは、その侵害という点で、いずれも同工異曲にしかみえないかもしれない。しかしそのわずかな差が、往々にして歴史の方向を決定づけてしまうものなのである。

オルコックが注視した内地の「一次市場」のメカニズムは、著名なミッチェル報告がひとつの解答を示した。これは中国貿易の調査にあたった香港政庁の職員ミッチェル（W. H. Mitchell）が、一八五二年に作成した意見書である。イギリス綿製品をうけつけない、中国の農村市場の消費嗜好と、農工未分でコストのかからない産業構造を明らかにして、中国市場の可能性を楽観するイギリス人に警告を発したのであった。一八五〇年代の末になって公表され、マルクスの中国観をあらためたのみならず、イギリス本国の方向をも変えるにいたる。

その対中外交はこれまで、四億の人口を擁する中国市場の需要に無限の夢を抱き、武力を使ってでも、条約を強要しその市場を開放する、という積極政策だった。アヘン戦争はその典型である。ところが一八六〇年代以降になると、中国市場の需要は期待できない、一方的に条約を結んでも、その効力は疑わしい、という考え方に転じた。

中国理解の深化が、対外観念を相対化させた、というわけである。オルコック個人のなかで生じたこうした転換は、やがてイギリス政府全体の動きにつながっていった。してみれば、かれは本国の方針に忠実にして有能な領事から、イギリスの極東外交そのものの方針転換にかかわって、それを体現する人物に変貌した、といってよい。その変貌ぶりはまもなく、かれ自身の地位の変化と政策の立案・実践によって、あらためて明らかになる。

日本駐在時のオルコック（東京都写真美術館所蔵、
Image: 東京都歴史文化財団イメージアーカイブ）

第 4 章
日 本

1　広州駐在領事から駐日総領事へ

転出

外国人税務司制度が発足し、租界の土地章程がきまった一八五四年七月は、大きな転機だった。まだ小刀会の上海県城占領は続いており、西洋列強も中立の姿勢をくずしたわけではない。しかし居留と貿易の問題が清朝当局との間でひとまずの解決をみれば、外国の側がそれ以上に、清朝と対立する理由はない。とりわけ税関が業務を再開し、清朝当局が外国貿易から関税を徴収できれば、それだけで反乱軍に不利になる。列強はいまや清朝への支持に大きく舵を切ったわけである。

もっとも露骨な動きをみせたのは、フランスである。その居留区域が県城の占領地に近かったということもあるのだろう、一二月に小刀会に宣戦した。外国の支持を得た清朝軍は攻勢に転じ、県城を包囲する。一八五五年二月、小刀会首領の劉麗川はその包囲を突破したものの、一七日に戦死した。これでようやく乱は終息、上海に平和がもどる。

じつはわがオルコックは、それよりかなり以前に、異動の辞令が出ていた。一八五四年八月一六日、広州駐在の領事への転任である。このころはなおアヘン戦争以来の慣習で、広州が中国第一の開港場だった。したがって上海から広州の異動は、まぎれもない昇進である。上海在任中の多難な時期をのりきった功績が、それなりに評価を受けたのだろう。

しかしまだ内乱はつづいていて、なお治安の維持は気を緩めることはできない。租界も税関も、清朝側と合意がなったばかりである。後任はながらく仕事をともにしてきた、副領事のロバートスンであるとはいえ、すぐにオルコック自身が上海を離れるのは、やはり不可能であった。

けっきょくかれが上海を離れたのは、一八五五年四月、小刀会の乱が鎮圧され、落ち着きをとりもどしてからのことである。九年近くにわたる在任であり、その間に上海は大きく変貌した。名実ともに中国貿易の中心港としての地位を築き、今後いっそう発展してゆくのは、誰の眼にも明らかであった。そのために最も尽力したのが、オルコックだったことを知らぬ者はいない。だからかれがこの地を離れるにあたり、上海の外国人居留民たちは、あえて謝意を公にした。

閣下の政策遂行には、われわれは個人として、いくばくか賛否がわかれたことがあるかもしれません。でもその目的と意義が誠実だったことを認めるにやぶさかではありません。閣下は一貫して、正義・公正以外の何物にも屈しないとお考えになり、不当な外圧でさえ、その閣下の信念を曲げることはなかったと思います。

オルコックが清朝の側と外国人のはざまにあって、確乎たる姿勢を貫いて、上海を建設したことをよくあらわしていよう。

賛辞に包まれて上海をあとにしたオルコックは、しかし幸福だったかどうかはわからない。かれは子供こそいなかったが、妻のヘンリエッタと申し分のない家庭生活を送っていた。その最愛の妻は、一八五三年三月、上海で客死していたのである。

外科医の断念を余儀なくされ異国へ旅立った自分に、つねに寄り添ってくれた伴侶。彼女を亡くした精神的な打撃は、想像にあまりある。かれがその後まもなく租界・税関と、大きな事業をなしとげたのも、哀しみを忘れるため目前の仕事に没頭した結果だとみるのは、センチメンタルにすぎる解釈だろうか。とまれ夫婦そろって北上してきた航路を、今度はかれ一人で南下して、広州に赴任しなくてはならなかった。

帰国

さてその広州は、中英関係の焦点になっていたところである。上にもふれたとおり、イギリスでは、植民地の香港を統治する香港総督と中国駐在の公使を、貿易監督官が兼ねていた。そして清朝側も、香港にほど近い広州に駐在して、広東・広西二省を統轄する両広総督に、西洋との交際の窓口になるよう命じていた。そこで広州が、双方の接触・交渉の場となったのである。ところがその広州は、最もアヘン戦争の戦火をこうむった地で、攘夷意識・排外感情が強かった。また広州にかぎらず、居留の外国人は素行が悪く、近隣の華人にしばしば乱暴を働いていたから、いよいよ紛争が多発することになった。

そんな険悪な雰囲気のなか、もちあがってきたのが、広州入城問題である。これは広州の城壁で囲まれた華人居住区域に、外国人が入れるか、入れないか、ということが外交問題化したもので、ひとつには条約の規定が曖昧だったために起こった紛争だった。

外国人はアヘン戦争以前、城外の船着き場の近くに居住を義務づけられていた。南京条約ではそうした制限をきらって、第二条に「市町（Cities and Towns）」に居住できる、という規定を設けた。ところが同じ条文の漢文テキストでは、このくだりが「港口」となっていて、港にしか居住できない、という意味になっている。そこで入城を主張するイギリスと、それを認めようとしない清朝側とのあいだで、対立が深まった。

清朝側は排外の気運を利用して、イギリス側の武力を背景にした執拗な要求にも、譲歩の姿勢をみせなかった。一八四九年、ときの貿易監督官ボナムは、事態の悪化をきらって、ついに入城問題を棚上げすることにする。

けれどもイギリス側は、あきらめたわけではない。むしろ広州方面では埒のあかない清朝側との交渉に見切りをつけ、別の方法で要求の実現をこころみる。その選択肢のなかに、再度の武力行使も含まれていた。とりわけ対清強硬派のパーマストン外相は、一八五一年段階でその決意を固めていたが、まもなく下野したため、沙汰止みになる。一八五五年一月、かれが首相に就任するや、イギリス政府はあらためて清朝への武力行使を準備しはじめた。オルコックが広州に赴任するころには、もはや必要なのは、戦争にふみきる口実だけとなっていたのである。

そのためもあってか、広州は嵐の前の静けさというべき平穏さに満ちていた。通常業務以上に、煩瑣なことは何もなかった。この点、前任地の上海とは好対照であって、精力的なオルコックには、いささか物足りない。もてあました時間を無為に過ごせないのは、あいかわらずだった。その「余暇」を活用して、今度は著述をはじめたのである。

オルコックの文筆活動についてはは、あらためてまとめて述べたい。このころの作品としては、実地の見聞を交えた中国論の大論文のほか、宗教的・科学的に人生を考察したエッセイ集『人生の諸問題』がある。後者は数あるかれの著述のなかでも、毛色がちがっており、異郷で愛妻を亡くしたことが、その執筆動機であったことはまちがいあるまい。

そうして時間を過ごしているうち、年が明けると、かれに賜暇帰国の許可がおりた。中国に勤務して十年に及んでいたから、さぞかし待望のことだったであろう。このとき帰国の途には、亡妻ヘンリエッタの母と妹をともなっていたと思われる。

オルコックがあとにした広州で、まもなくアロー号事件が起こった。一八五六年一〇月八日、清朝の官憲が海賊の疑いで、香港船籍のアロー号という船舶の英国旗をひきおろし、船員の身柄を拘束したのに対し、イギリス当局が侮辱だとして抗議、交渉が決裂し、海軍による広州攻撃にいたったものである。交渉にあたったのは、オルコックの上司・香港総督バウリング(John Bowring)とオルコックの留守をあずかる代理領事のパークスであった。アロー号の香港船籍は、期限が一〇月には切れていたにもかかわらず、バウリングとパークスはそれを隠して、強引に事件化したのである。

かねてより開戦の機会を待っていたイギリス政府は、ただちに武力行使にふみきり、清朝との関係を全面的にあらためるため、年来の課題を一挙に解決しようとした。アロー戦争の勃発である。その波紋は中英二国間だけにとどまらない。大きくは別の国である日本、小さくは事件とほぼ関わりのなかったオルコックの運命をも、激変させる結果を導いてゆく。

天津条約と安政条約

イギリスが中国へ遠征軍を送りこむのと同時に、清朝政府と交渉する全権を帯びる使節

エルギン
（A.Michie, *The Englishman in China*）

として派遣したのは、エルギン（James Bruce, 8th Earl of Elgin, and 12th Earl of Kincardine）である。かれはジャマイカ知事・カナダ総督を歴任した練達の外交官であり、フランス全権のグロ（Baron Jean Baptite Louis Gros）と共同でことにあたった。ふたりは圧倒的な武力の優位を背景として、強硬な交渉を行い、一八五八年六月二六日・二七日に、天津で条約を締結した。

この天津条約は開港場の増加・長江の開放など、通商上の有利な規定を盛り込みながらも、貿易市場の開放を主眼にした南京条約とはいささか趣を異にしている。外国使節の北京常駐を定めたことからわかるように、西洋式の外交、国際関係を清朝に遵守させることを企図したものだった。この天津条約、とりわけ英清間のそれが以後、一九世紀が終わるまで、在留外国人のいわば「マグナ・カルタ」として機能することになる。

エルギンはイギリスを発つにあたって、中国赴任の機会を利用し、清朝との交渉が終われば、日本にも赴いて同国との関係の改善・拡大に尽力するよう、外相のクラレンドン（George William Frederick Villers, 4th Earl of Clarendon, and 4th Baron Hyde）から訓令を受けていた。この訓令では、清朝と結ぶ条約と同一の原則にもとづく関係を日本と築くように命じると同時に、日本に対する武力行使を禁じている。天津条約を締結した後、税則を協議する会議が一〇月から上海で開かれることに決まったため、エルギンはその間の余暇を利用して、日本に赴くことにした。

エルギンは八月三日、長崎に停泊、五日この地を出帆し、江戸に向かう途中、八月一〇日に下田に寄港、同地に駐在していたアメリカ総領事ハリスと会見した。

周知のとおり、日本の開国をうながしたのはアメリカであって、一八五四年にペリー（Matthew Calbraith Perry）提督が日米和親条約を結び、このときも、すでにハリスが修好通商条約を締結した後である。イギリスとしては、好むと好まざるとにかかわらず、その先例を参考にするほかはない。ハリス自身もエルギンに協力的で、その要請に応じた援助を惜しまなかった。日本における情勢をつたえ、日米修好通商条約の写しも提供したのであり、エルギンもこれには、感謝の意をあらわしている。さらに日本・日本語に不案内なエルギン一行のために、自らの通訳官ヒュースケン（Henry Conrad Joannes Heusken）を派遣、随行させすらした。

ハリス

二日後の早朝、下田を出発したエルギンは、同じ日の八月一二日午後三時、江戸前面に停泊する。幕府要人との会見をすませ、三度の商議を重ねたうえで、八月二六日に日英修好通商条約が調印された。使命を果したエルギンは翌日、日本を離れて上海にもどる。およそ一ヵ月の使節行だった。

以上のような経緯があった以上、クラレンドン外相の訓令にもかかわらず、日英通商条約は、中英天津条約よりも日米通商条約に似ている。ほぼそのコピーといってよい。領事裁判権や関税率がイギリスにやや有利になっているくらいである。それはとりもなおさず、日本との関係におけるアメリカの先導・優位を意味し、のちにオルコックがとりくむべき問題となる。

広州税関の改革

さて帰国したオルコックは、もちろん極東の情勢に無関心、無関係ではなかった。中国に長く駐在した官吏として、イギリス外務省の求めで、エルギンの天津条約交渉に役立てるため、一八五七年一二月末日に意見を陳述しているし、自身もその帰趨を注視していたことだろう。

そのかれは一八五八年七月上旬、広州にもどってきている。戦争をへた広州の様子は、一変していた。アロー号事件後、一八五七年八月のはじめ、英仏連合軍が進攻して珠江《しゅこう》を封鎖、一二月末、広州を占領して、広州城内では連合軍の占領行政がしかれて、情勢はいったん安定する。

清朝の地方当局はこれに対し、広州の周辺で排外運動を指嗾《しそう》した。そのため戦闘はふたたび激化し、一八五八年六月には、広州城内に戒厳令がしかれ、珠江もあらためて封鎖された。帰任したばかりのオルコックは、治安の悪化と業務遂行の困難を理由に、七月末、領事館を香港にひきあげることとする。

かつて中国第一の貿易港であった広州は、アロー戦争でその地位を完全に失う。それ以前から、上海の台頭で広州の比重は低下する一方で、周辺ではイギリス植民地の香港の役割が高まっていた。そこで増大したのが、香港・広州間の貿易である。たび重なる珠江の封鎖にもかかわらず、その貿易は衰える気配をみせなかった。領事館が撤収し、公式の通商関係もなくなってしまったなかで現出したのは、珠江上を航行する小汽船をつかった密輸である。

イギリスは天津条約を結んだのち、一一月にようやく、広東の清朝当局と関係を修復する。領事たるオルコックは、すでに猖獗《しょうけつ》していた密輸に対処するため、広州の税関・粤海関の改革を申し入れた。こうしてかれ自ら上海でつくった外国人税務司制度が、広州にも

ハート
(K.F.Bruner et al.eds.,*Entering China's Service*, Cambridge, Mass. 1986)

導入される。一八五九年一〇月、新たな制度が発足して、業務にあたる副税務司に任命されたのは、広州のイギリス領事館の部下、二四歳の通訳官ハート（Robert Hart）だった。

中国が開港しておよそ二十年、イギリスの在外公館の体制も、徐々にではあるが整ってきた。とりわけ重要なのは、相手と意思疎通をはかる通訳官である。その養成のために、若い人材に現地で見習研修をさせつつ語学を習得させる通訳生（student interpreter）制度が発足していた。いわばパークスのような人材を、外務省の責任で組織的に育てようとしたわけである。ハートはその通訳生として、一八五四年にやってきた人物である。

かれは北アイルランドのアルスター州出身、ベルファストのクィーンズ・カレッジで学んだ。ここはかの全権使節マカートニーを出したところであって、ハートも中国に何かしら親近感を持ったために、この道を選んだのかもしれない。まず香港の貿易監督庁に赴任、ついでその年のうちに寧波領事館、五八年、広州領事館に転じて、その翌年には、正式の通訳官へ昇進していた。

ハートは若いながら温厚な性格で、清朝側との折衝でも、激せずに説得の姿勢をくずさなかった。このあたり、華人を人とも思わず、居丈高に罵倒脅迫しがちだった、一世代前のパークスたちとは大いに異なっている。副税務司として白羽の矢が立ったのも、決して偶然ではない。もっとも、このハートが清朝中央につかえ、およそ十年ののち、北京でオルコックと大きな仕事をすることになろうとは、当時は二人とも、予想だにしていなかったであろう。

未知の国へ

しかしオルコックは、その粤海関の改革を見とどけることはできなかった。広州帰任から半年とたたない一八五八年一二月二一日、オルコックを駐日総領事に任ずる命令が発せられたからである。翌年三月一日、外相マームズベリー（James Howard Harris, 3rd Earl of Malmesbury）は駐日総領事としてのオルコックに、初の訓令を送っており、後者はそれを五月のはじめに、香港で受けとった。可及的すみやかに、軍艦に搭乗して江戸へ赴任するよう申しつける、というその命令に、オルコックは心中さぞかし不快だったにちがいない。

もちろんイギリス政府も、オルコック本人も、日本という国は知っていただろう。しかし前者がそれを重視していた、とはお世辞にもいえない。それはエルギンの条約締結のありようをみれば明白である。アロー戦争とその交渉の、まったくついでてしかない。イギリス外務省はエルギンの使節行について、議会に五百ページ近い資料集を提出した。「中国・日本への特使」とその題名にある。ところが、そのうち日本にかかわる記述は二十ページにも満たず、しかもその大部分が条約文の写しである。

だからイギリスの日本理解も、きわめて限定されたものだった。何も知らない、といったほうが正確かもしれない。それは重視していないことの裏返しでもあった。そんなところに、オルコックを任命したのであるから、オルコックを重視していない、と解釈しても不思議ではない。

この人事のくわしい内情はわからない。しかし日本はあまりにも未知であって、誰が適任なのか、そもそも適任者などいるのか、どうにも判断がつかなかった、というのが真相であろう。中国と日本は「大きくは異ならない」。オルコックに対する外相の訓令にある一節だが、かれを選んだのは、その程度の認識にしか、もとづいていなかったのである。

さしあたって中国で手すきの者は、賜暇帰国から帰任したばかりのオルコックくらいしかいない。極東でのキャリアも十分だし、位階もうってつけであった。だからその抜擢・任命は決して、かれのこれまでの業績・功労を尊重、評価してのことではあるまい。だとすれば、オルコックでなくとも、おもしろかろうはずはなかった。

もう五〇歳になる。「かの地で客死するかもしれない」、そんな不安も頭をよぎった。それでも、命に背くわけにはいかない。せめて地位の向上はあってしかるべきで、オルコックは従前とひとしなみの総領事ではなく、「全権代表」としての待遇を要求した。「領事部門」と「外交部門」の別にうるさい本国もついに折れて、かれはやがて公使に昇格する。

オルコックは老境にさしかかっても、やはり楽天家だったのだろう。容易ならざる運命を受け入れたのみならず、さらにはこれを奇貨として、人生の新たな境地を開いてゆく。

2　着任

江戸入り

広州で五月一一日に任務の引き継ぎを終えてから、香港で準備をととのえたオルコック一行は、五月一六日、軍艦サンプソン号に乗りこみ、日本へ向けて出発した。その途上、五月二三日から一週間、上海に寄港する。オルコックの建設したこの地では、その功績を称えた大歓迎ぶりであり、オルコック自身もひととき、前途の不安を忘れたことであろう。

また、先んじてアメリカの総領事として日本に駐在し、弁理公使に昇任したハリスが、ちょうど上海に来ていて、会談することができたのも幸運だった。

上海を発ったサンプソン号が長崎に到着したのは、六月四日のことである。開国以前の唯一の貿易港であったこの地を、オルコックは日本最初の寄港地に選んだ。このときすでにイギリス商人も出入りして貿易をはじめており、あらかじめその管理の手はずをととのえておく必要があったからである。

当時の長崎港はすばらしい風景だったようで、その印象をオルコックも絶賛している。もとより客観的に美しい風景なら、万人を魅了するはずである。果たして二十年ほど後、清朝の駐日公使に随行し来日した黄遵憲《こうじゅんけん》という外交官も、そのすばらしさを詩に詠んで、「桃源郷」と表現した。

もっとも第一印象の良さというのは、あまりあてにならない。人間関係でもだいたい、そのように相場が決まっており、一目惚れではじまる恋愛は、だいたい幻滅と破局の結末におわる。しかし長崎という第一印象は、そうではなく「正確であった」。そんな最初の日本の土地・人々との遭遇が、後々にまで影響を及ぼしたとするなら、オルコックと日本にとって、長崎はまことに幸運な出逢いの場だったのかもしれない。

長崎には二週間あまり滞在した。その間に長崎奉行と会談して、領事館の開設を決めて

イギリス公使館高輪東禅寺山門
（長崎大学附属図書館所蔵）

いる。当然のことながら、この当時は日本語の通訳がいない。そのためにオランダ語を介しての会話とならざるをえず、オルコックには隔靴掻痒、もどかしい限りであった。中国の場合、すでにイギリスとの交際も古く、身辺にもパークスをはじめ、有能な中国語の通訳が少なくなかったために、オルコック自身その習得の必要性をあまり感じなくてもすんだ。しかしイギリスという国全体がよく知らない日本の場合、そうはいかない。かれ自ら日本語の学習をはじめて、のちには文法書まで出すにいたる。

六月二〇日に長崎を出発したサンプソン号が、江戸品川沖に停泊したのは、同月二六日のことである。幕府の反応は、敏速だった。来航の目的を伝える書翰をオルコックから受けとると、翌日すぐに、外国奉行から出迎えの挨拶があり、さらに次の日、一行の住む総領事館の候補地まで案内する、との申し入れがあった。

かつてエルギンも滞在したことのある、高輪の東禅寺《とうぜんじ》に連れられたオルコックは満足し、七月四日に引っ越しを開始、六日、正式にサンプソン号を下船し、居を東禅寺に移す。運び込んだ二百箱の荷物が散乱し、英語・オランダ語・中国語・日本語の飛び交う喧騒のなかで、かれの日本駐在生活がスタートした。

横浜の開港

まだ片づけの終わらないなか、オルコックはさっそく動き出す。七月八日に江戸城内の老中間部《まなべ》詮勝《あきかつ》の邸宅を表敬訪問した。批准書交換の日取りを決めるためである。これも平穏にすすみ、七月一一日に同じ間部の邸宅で実施することに決まった。行き違いはありながらも、この日英両国はじめての重大な儀式も、どうにか無事おわる。品川沖に停泊中のサンプソン号から二十一発の礼砲が放たれた。いよいよ日英関係の船出である。

ここまでの経過は、未知の国どうしの邂逅としては、ごく円滑だったといってよい。とりわけ中国で、大小いくたびもの紛糾に遭遇してきたオルコック本人にとっては、そうであろう。

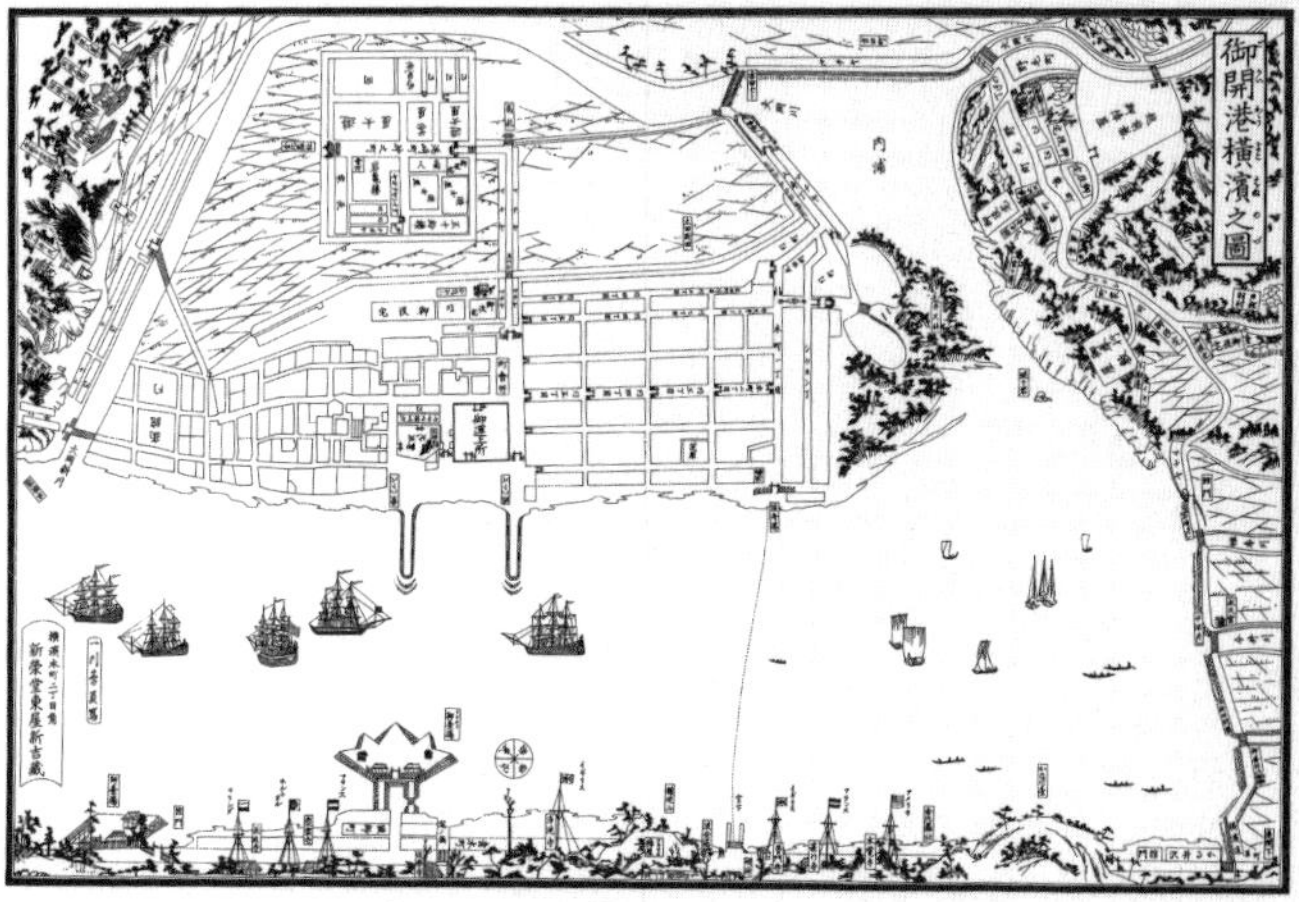

開港当時の横浜港（横浜市編纂『横浜市史稿 附図』臨川書店、1986年）

とはいえ、何もかも順風満帆だったわけでは、もちろんない。長崎でもそうであったように、実際には両国の関係はすでにはじまっており、港では貿易取引が日常的に行われる。その開港場と通商こそ、赴任早々のオルコックが第一にとりくまなくてはならない問題となった。

エルギンの結んだ条約で決まった日本の開港場は、さしあたって三つ。西から長崎・神奈川・箱館である。もちろん江戸にごく近く、東海道の宿場町たる神奈川が、外国にとっても日本にとっても、最も重要であった。ところがオルコックは江戸に到着してまもなく、その神奈川ではなく、陸路で五キロほど南の横浜村で、港が開かれるようだと聞きつけて、まだ引っ越しも始まっていない六月二九日、さっそく視察にむかう。

当時の横浜は小さな漁村である。しかしオルコックを迎えたその地は、将来の開港場たるべく、施設の整備が着々とすすんでいた。かれの回想によれば、

政府は横浜への距離を短縮し、神奈川への公道にじかに通じる一本の確実な道をつくるために、莫大な費用を投じて、沼沢を横断しておよそ二マイルにわたる土手道を築いていた。固い花崗岩の突堤と荷揚げ場が、すでに竣工していた。また、日本人商人のために急拵えの町が、外国商人のためにおびただしい小さな倉庫が、ともにすっかり準備されていた。くわえて広大な官庁街もあって、そこには税関も設けられていた。

とある。「税関」というのは、当時の運上所である。これは幕府側の、開港場を横浜にしようという決意と政策のあらわれにほかならない。幕府はここでも、敏速だった。

そこには、いくつもの思惑があった。神奈川は東海道に面する要衝であって、そのまま外国人が住みついては、紛擾《ふんじょう》が生じかねない。とりわけ幕府と攘夷派が対立していたときであるから、その危険はいっそう高まっている。さらには、横浜の有利な地勢がある。十分な水深のあるその海岸は、港湾にうってつけであって、神奈川をはるかに上回る条件を

そなえていた。日本側からすれば、それ相応の事情と理由があったのである。

だがオルコックはそれに対し、強い不快感をおぼえた。かれが問題にしたのは、条約の尊重である。つまり日本は故意に条約を無視して、開港場を変更した、外国人を東海道筋からそれた漁村に押し込め、日本人から隔離しようとしている、と解釈した。これはそれまで駐在してきた中国での経験で身についた、条件反射というべきものでもあろう。また日本が開国以前に設けていた、長崎の出島という悪しき先例もあった。オルコックはまったく同じ意見だったハリスとともに、幕府にくりかえし抗議を申し入れる。

「神奈川」問題の意味

けれどもそれは、効を奏さなかった。横浜は汎称である「神奈川」の一部であって、条約違反ではない、港湾としては宿場町の神奈川より、横浜がすぐれている、と反駁したのは、外国側の抗議を十分に予測した上でのことであり、幕府のしたたかさをかいまみせている。

そのあたりは、オルコックもお見通しであった。かれは同行してきたヴァイス（Francis Howard Vyse）を、この開港場の代理領事に任じたが、宿場町の神奈川のほうに駐在させて、港の横浜には駐在を許さなかった。もちろん幕府の策謀に対抗する措置である。ほかの国々もこれに歩調を合わせたため、貿易船が出入する横浜から、かなり隔たった神奈川に領事が駐在する、という状態が一年以上つづいた。

それでもオルコックがけっきょく、幕府に折れざるをえなかったのは、外国商人の動向にあった。イギリスをはじめ各国の商人は、もちろん貿易を目的にやってくるのであり、すでに日本の商店がある横浜のほうに、続々と集まる。オルコックらが幕府と押し問答をくりかえしている間に、開港場横浜という既成事実ができあがってしまった。こうなっては、いかに条約の尊重をうったえても、意味はない。オルコックがあきらめたその時、名実ともに、現在の横浜の礎が定まった。たとえばかつての運上所は、今や「神奈川」県庁となっているのである。

矛を収めたオルコックは、しかし中国でも感じたことのある二つの不信を、あらためて痛感せざるをえなかった。ひとつは、外国商人は信用できない、ということである。もとより立場や観点がちがうのだから、やむをえないけれども、自身は単なる自国商人の利益代弁者ではないし、またそうなってはならない、という立場をここであらためて確認する。

いまひとつは相手国の政府当局、ここでは幕府に対する不信である。条約にのっとった関係を築きうる政府であるかどうか。中国で最も重大だったこの問題は、日本でもやはり免れない。

外国の商人と日本の役人が、条約をズタズタにしてしまおうと競いあい、こもごも道化役者のように跳びまわり、あらゆる紙上の条項のあいだをすり抜けている。この連中は目先の利益、その場の少数者のことしか考えておらず、より恒久的な利益、より重要な目的におよぼす損害には、まったく眼を向けようとしない。

オルコックは前途の多難を思わずにはいられなかった。ふたつの不信はあい関連しつつ、以後のかれの言動を考える上で重要になってくる。

3 「最初の授業」

小判の流出

開港日当日の七月一日、オルコックは横浜の運上所を訪ねた。業務開始の準備をしていた役人たちは、不意の来客を大いに歓迎する。だが、これがもうひとつ、重大な問題の幕開けになるとは、お互いに気づいていなかった。
オルコックがのちに著書の『大君の都』で描いたところによって、このときの様子をみてみよう。

二人のまじめくさった顔つきの官吏が「税関」の席に正座し、秤とおもりが置いてあり、それからきらきら光る新しい硬貨が山積みしてあった。これは「条約にもとづいて」ドル貨と両替するために用意された日本の通貨だとのことである。われわれ一行のうち何人かは、商店を見にゆくつもりだったので、話を聞くとすぐ、その通貨を持っておきたいと思い、ドル貨を空の秤皿に投げいれて、一枚につき美しい硬貨を二つ手に入れた。これは、条約の規定に定められているとおり、きわめて正確に「同量」だった。

いくつか説明が必要である。「条約にもとづいて」というのは、安政の日米通商条約で決まった、通貨の「同種同量」交換、銀貨なら銀貨、金貨なら金貨を同じ量で引き換える、という条項であり、イギリスはじめ他国の条約でも踏襲している。ドル貨というのは、メキシコドルのことで、東アジアに当時、ひろく流通していた銀貨である。持参したドル貨一枚を日本の貨幣に両替したところ、まったく同じ重量の硬貨二枚に引き換えられた。この硬貨はこの直前、新たに鋳造された銀貨、安政二朱銀であり、外国人がみたことのないものである。

ところがこれで買い物をしようとするや、たちまちトラブルになった。重さでいえば、一ドルは天保一分銀三枚にあたるので、「同種同量」交換の条項によって外国人は、一ドルに三分の価値があると思っている。そこで六分の値段の手箱を買おうとして、二ドルを出すと、店は受け取ってくれない。日本の貨幣でないとダメだという。そこで二ドルにあたる二朱銀四枚を出したら、足りない、といわれた。どれだけ不足かといえば、二朱銀があと八枚いるらしい。

当然である。江戸時代の貨幣は四進法、一分は四朱、六分なら二十四朱必要だからである。しかしオルコック一行は驚いた。二朱銀二枚で一分ということだが、それが一ドルに相当するわけで、外国人が考えていた一ドル＝三分のレートからすると、三分の一しかない。

そこでオルコックは、

ドル貨は条約締結当時、重量による等価として三分の価値をもっていたのに、これをかくも巧みに一分まで引き下げることによって、世界でもっとも物価の安い国のひとつとされていた日本を、もっとも物価の高い国にしようとした

と記しながら、「これでは、条約の字句はあっても精神がないのは、疑いを容れない」と断じた。「神奈川」を横浜にすりかえたのと同じ手口であり、今度は貨幣価値をすりかえた、とみなしたのである。共通するのは、条約の「精神」を尊重しない、という日本政府の姿勢だった。

もっとも日本に来てまもないオルコックは、その条約規定や日本の貨幣事情に通じていたわけではなかった。そこでやはり経験のあるハリスと協議連携して、幕府に厳重な抗議を申し入れた。安政二朱銀との交換を拒否、条約の規定どおり、一ドル＝三分の「同種同量」レートを遵守するよう求めたのである。

そもそも日米条約の締結交渉のさい、日本側は一ドル＝三分のレートが金にもとづく日本の物価の実勢に合わない、一ドル＝一分のレートが正当だと反論している。しかし純銀含有量を比べたアメリカ側に押し切られてしまった。そこで実際の貿易取引にあたっては、物価の実勢に合う「同種同量」の交換ができるよう、安政二朱銀を用意したわけである。

オルコックが終始、そのいきさつを知らなかったわけではない。しかし条約の尊重をめ

ぐる不信感が先に立って、幕府側の反論に聞く耳をもたなかった。かれはハリスとともに、二朱銀の使用を拒み通して、幕府を屈服させる。その結果はじまったのが、金小判の滔々たる流出だった。一八五九年九月末のことである。

日本の通貨体系

当時の欧米の一般的な金銀比価はおよそ一対十六、ところが日本では金一両が四分であり、これを天保一分銀の金銀比価でいえば、一対五。三倍以上の銀高である。なぜそんな格差が出たのかといえば、当時の貨幣体系、とくに一八世紀の後半・田沼時代のそれにまで、さかのぼってみる必要がある。

「分」というのも「朱」というのも、もともとは金貨の単位である。四朱で一分、四分で小判一両のはずだが、安政二朱銀にせよ、天保一分銀にせよ、まぎれもない銀貨であった。そこが重要である。

一八世紀の初め、正徳・享保以来のデフレに苦しんだ幕府は、悪貨に改鋳し通貨供給を増大させて、景気を好転させる政策に転換した。この政策を全面的におしすすめたのが、田沼意次である。かれが発行した通貨に、南鐐《なんりょう》二朱というのがある。「二朱」なので金貨の代用品であり、無条件に八枚で一両小判に交換するものだが、素材は銀だった。もちろん金で二朱を造るよりもはるかに安く、大量にできる。田沼はこの改鋳で得た差益で財政を潤すと同時に、通貨を増やしてインフレに誘導しようとしたわけであり、それはおおむね成功した。この政策はそのため以後も踏襲され、より高額の貨幣として鋳造されたのが、くだんの天保一分銀である。

だからその「一分」という額面は、そもそも貨幣素材の価値から大きくかけ離れたものだった。あるいは紙幣と同様の名目通貨といってもよい。このような貨幣が広汎に流通しえたのは、まず幕府がその鋳造権をほぼ独占し、かつ偽造困難な高度の鋳造技術を有していたからである。幕府発行の貨幣に対する信認がそのように高かったのに加え、全国規模の流通圏が成立しており、物価の上昇が波及する条件もそなわっていた。貨幣改鋳を財源確保と金融緩和に結びつけた政策の所産が、天保一分銀の流通だったのである。

こうした通貨政策を可能にした江戸時代の経済水準は、西洋人の想像を絶するものだった。しかし不幸なことに、それは西洋人のみならず、同時代の日本人の想像も絶していた。天保一分銀の「一分」とは、あくまでインフレに誘導する額面であって、純銀の量や銀貨の素材価値をあらわしたものではない。ハリスと交渉した幕府側は、物価の実勢から一ドル＝一分を主張したけれども、けっきょく説得できなかったのは、そのあたりの了解が国内でも、まったく不十分だったためである。

あるいは、こうも解釈できる。それまでの通貨体系は、あくまで日本国内限りの封鎖的な経済体系に即したもので、海外との貿易がほとんどない条件で可能になっていた。それなら開国にあたって、それをいかに外貨とリンクさせるか、が問題とならなくてはならない。そこに十分な配慮と準備を欠いていたがために、額面にすぎないはずの「一分」が、実質価値にすりかえられて、日本国内の金銀比価と国際的なそれとのあいだに、大幅な乖離が現出してしまった。

ともかく一八五九年の横浜では、三倍以上の銀高となった。銀五グラムで金一グラムが入手できる。その金を海外にもっていけば、銀十六グラムに換わって、倍以上の利益が得られた。それをくりかえせば、利益は際限もなくふくれあがる。横浜から大量の金貨が持ち出されたのも、いわば当然のなりゆきだったのである。

「授業」の教訓

この事態に直面したオルコックは、さすがに坐視できなかった。開港はしたものの、金の流出ばかりで、正常な貿易活動が、まったく軌道に乗らなかったからである。かれは金漁りにくる外国商人を非難しつつ、幕府に対して金銀比価を国際水準に改定するよう迫った。幕府も逡巡をかさねたあげく、一八六〇年二月一一日にこの要求をいれて、金貨を改鋳し、純度で三分の一の小判を造ることとする。金銀比価は国際水準なみになって、ようやく小判の流出もおさまった。

ところが、日本の物価は金貨にもとづいており、その貨幣価値が三分の一に下がったために、物価のほうが三倍に急騰した。それが世情の不安と幕府の財政危機を招かないはずはない。情勢は一変、流動的になってゆく。

オルコックは条約を尊重しない幕府と、私利しか考えない外国商人とに不信感を露わにした。しかし幕府も商人も、ともかくも条約には背いていない。一ドル＝三分という条約の規定どおりの「同種同量」交換を実施したし、金の取引が条約で禁じられているわけでもなかった。条約を守って混乱が起きたのなら、それは条約のほうが悪いのである。

そのことに、オルコックも気づく日がついにやってくる。

一国の貨幣制度が外国人の干渉によって、これほど突然に、またはげしく混乱したことは、近代にその先例を見ない。ほかの国々では、通貨の価値がいかに急落しようと、概してその前兆があったのにくわえ、物価を、またある程度は契約をも、次々に調整できるくらいのスピードでしかなかった。ところが日本の場合、通貨の価値が一挙に外圧で、しかも外国商人の有利になるように、以前の三分の一に減じられたのである。

上と同じく『大君の都』からの引用である。一八五九年七月一日に運上所を訪れた時の記事と、正反対の論旨であることがみてとれよう。もっともこれは、イギリス大蔵省秘書官アーバスノット（George Arbuthnot）の報告とほぼ同じ言いまわしである。だから開港当初に感じたこと、それにもとづいて条約を押し通したことが誤りだった、と自ら認めたにひとしい。

「条約の元来の条項は変則的で、国際法のあらゆる原則に背いており、政治的に考えても財政的に考えても、まったく正当化できないものだ」

条約が誤りだと断じるこの意見に、オルコックも賛同している。しかしかれがこうした認識にすぐ達したわけではない。数年におよぶ日本滞在の経験と本国大蔵省のレポートとによって、ようやくそれを悟ったのである。逆にいえば、かれが日本で外交活動にたずさわっている間に、それに気づいて何らかの対策をとるようなことは不可能だった。

オルコックはこう理解してから、あらためて日本を知らなかったことを痛感し、後悔したであろう。知らない、ということだけなら、先にいた中国もかわらない。しかし日本の場合、イギリス全体に中国に対するほどの経験と予備知識がなかったため、それはいっそう甚だしかった。

かれは自著にしばしば「授業（lessons）」ということばを使っている。かれにとっては、日本での経験は、まさしく実地に未知と無知を思い知らされる「授業」の連続であり、横浜の開港と小判の流出は、その最初のものだった。

もっとも、覆水は盆に返らない。物価の急激な上昇は、誰にとってもつらいものである。それが外国人の存在と行動のためだとみて、不満をいだいた日本人は、たしかに少なくなかった。オルコックもふりかえっていう。

大名たちは、多くの家臣を召しかかえており、家臣たちは、衣食のほかに、ごくわずかの給与を一分銀でうけとっている。以前これでかろうじて、服装をととのえ、家族を養うことができていたのに、貨幣価値の下落でまったく足らなくなってしまった。

こうした不満は、まもなく大きなうねりとなって、日本の政情をゆるがす。それはオルコックら外国人の身にも、無関係ではありえない。「授業」の代価は決して、安くはなかった。その激動はあらためて述べなくてはならない。

4　攘夷の嵐

生命の危険

オルコックが領事として極東に赴任したばかりのころ、中国も開港当初であって、そこで最も腐心したのは、イギリス国家の代表者としてふさわしい扱いを受けることであった。領事館の場所や建物、あるいは国旗の掲揚など、現在からみれば、ともすれば形式にしかみえないことも、当時としてはそれなりに重要である。それは自分と部下の公館スタフ、そして以後の後任者にとって、自国の威信を示し、相手国の尊重を獲得できるか、という問題にほかならない。そしてそれなくしては、使命が果たせないのみならず、自らを含めた自国人の生命と財産を守りきれない恐れもあったのである。

そうした事情に鑑みると、この時期の日本はオルコックらにとって、きわめて厳しい環境だったといってよい。そうした尊重がまったく得難かったからである。その典型的な動きが、「攘夷」であった。外国人あるいはかれらと通ずる日本人を襲撃、殺傷するその行為は、オルコックらの立場からいえば、単なる排外運動にとどまらず、むしろテロリズムとよぶにふさわしい。

外国人たちはかねてから、しばしば悪罵・威嚇・投石を受けていた。着任したオルコックも一八五九年八月の上旬に、幕府に強く抗議を申し入れる。それにもかかわらず、暴力行為はエスカレートし、殺傷事件があいついで起こった。

めぼしいものをあげるだけでも、抗議してから二十日とたたないうちに、横浜でロシアの士官・水兵・賄方のうち二人が死亡、一人が重傷という事件が起こったのを皮切りに、同年一一月、フランス領事館に勤める華人の召使い、翌年一月には、オルコック自身が雇っていた通詞・伝吉、二月、横浜でオランダ商船の船長ら二名が犠牲になっている。そして一人として、捕らえられた犯人はいなかった。

こうしたテロリズムは、まもなく最高潮に達する。一八六〇年三月二四日、桜田門外の変である。紛糾していた十三代将軍・徳川家定の継嗣《けいし》問題を強引に決め、かつまた強い反対を押し切って西洋列強と安政条約を結んだ大老・井伊直弼。この前年には、いわゆる安政の大獄を起こして、反対派をきびしく弾圧した。内政外政を主導してきた剛腕の政治家は、この事件であえなく横死する。幕府の権威も、これで地に堕ちてしまった。

オルコックはテロ事件にはうんざりで、ある意味、慣れはじめてもいたが、さすがにこの事件には驚倒した。かれは井伊直弼のことを「摂政《リージェント》」と呼んでいる。少年の将軍・「皇帝」を擁立補弼《ほひつ》した印象からの命名であろう。その「摂政」が白昼、江戸城という首都の宮殿のすぐそばで、たった十八人の浪士に襲撃、斬殺されるなど、西洋人の感覚では、ありうべきことではなかった。前途暗澹たる気分になったのも、想像に難くない。

このように連続するテロ事件で、オルコックが不安にかられたのは、いうまでもない。しかしそれを不安と表現するだけでは、あるいは狭隘《きょうあい》浅薄安易に失する。もっと重大な課題意識というべきである。

幕府にくりかえし抗議しても、埒があかない。危険な目にあいたくないなら、外国人は公館や居留地から出歩かぬことだ、といって、日本人から隔離しようとするばかりである。それが内地を旅行する権利をみとめる条約に反するのは、明白だった。かくして、自分たちが相手にしている政府は、交渉に値する統治能力を、果たして有しているのか、という根源的な疑いが浮かび上がってくる。

生命と財産の保護というのは、西洋の常識的な統治原則である。日本ではそれが獲得できないのであり、これはたとえば、「神奈川」は横浜かどうか、というような瑣末な条約規定の解釈とは、ほとんど次元の異なる問題だった。条約関係を結び、維持してゆく前提が問われているのである。

なればこそ、オルコックも怒りをこめて幕臣には、

公使館のみならず、神聖な条約の保護の下で、日本に暮らす外国人すべてに対しても、生命の安全を保障する責任を日本政府に負わせなくてはならない。この責任は政府がこれまで、できない、といって、ことあるごとに無視しようとしてきたものであった。

と書き送り、自らの日記には、

ここでの外交使節というものは、生活全体が条約をたえず事実上、無効化しようとする努力に対する不断の闘争をなす。

と書かざるをえなかった。この「闘争(struggle)」に勝利することがいわば、オルコックの日本駐在時代、最大のテーマとなる。

オルコックは前年一八五九年の一一月末日、かねてよりの希望がかなって、正式に総領事から公使へ昇進し、翌年八月二五日、将軍家茂に全権公使の信任状を捧呈した。オルコックは総領事の立場では、日本との交渉・他国との交際に何かと不便だとみて、赴任以来、

現地で「全権」をいわば僭称していた。これには、自らの人事に対する不満も、相当にふくまれていたであろう。イギリス本国はこの時、その僭称を事後的に追認したわけであった。史上初、慣例をやぶって、「領事部門」から「外交部門」への出世である。しかし江戸で生命の危険にさらされて暮らすオルコック自身に、どれほどの喜びがあっただろうか。かれの置かれていた情況は、それほどに厳しいものだった。

江戸退去

「攘夷」という名の、外国人を標的にしたテロ事件は、なおもつづく。一八六一年の新年早々、アメリカ公使館の通訳官ヒュースケンが殺害された。享年二八。オランダ系アメリカ人のかれは、ニューヨークでハリスに雇われ、一八五六年、下田にやってきて、以後ハリスのみならず、西洋諸国の対日交渉を補佐してきたベテランで、日本人の間にもよく知られた人物である。

そのかれが斬殺されたのは、西洋の外交関係者たちにとって、これまで以上に衝撃的な事件であった。いつ自分たちも、同じ目に遭うかもしれない。そんな恐怖がつのる。オルコックもただちに行動を起こさなくてはならなかった。

オルコックはアメリカ・フランス・オランダ・プロイセンの同僚と協議し、そこですべての国の外交代表が江戸を退去し、横浜に移ることを提案した。いわば外交使節の召還という抗議の姿勢を明白にしようというところである。

ところが、部下の通訳を殺された当のハリスが、この提案には反対だった。かれは幕府の立場に同情的で、退去せずに江戸に残る、というのである。最初に日本と条約を結んだアメリカ、はじめて日本に常駐した使節であるハリスが、それまで西洋列強の対日外交のリーダーシップをとっていた。ヒュースケン殺害事件に関するかれの単独行動も、同じ行動パターンだと見てよい。

当時のアメリカは英仏に比べれば、なお強大国ではない。それだけに東アジアでのふるまいも、いわばおとなしかった。英仏なら脅迫し武力行使を辞さないような局面でも、穏便な話し合いですませたことも少なくない。もとよりそれは、東アジアに友好的だとか、尊重の念を持っていた、というわけではなかった。自分たちの勢力と立場が弱かっただけのことであって、そうした事情は、中国でも日本でもかわらない。

ハリスの行動様式も同じである。日本に対する宥和的な態度にせよ、英仏と異なる姿勢にせよ、別にかれの個性と考える必要はない。むしろアメリカの国際的地位のしからしめるところだった。もちろんかれは最も長く日本に滞在していたから、最もよく日本を知っているはずだという自負はあったであろう。その自負心がアメリカの立場とあいまって、かれの個人プレーを導くことも、少なくはなかったようである。

オルコックは大英帝国の代表として、そんなハリスを快く思っていなかった。条約の遵守と履行を迫る立場としては、何より列強の結束こそ重要であって、今回の局面であるなら、外国側が一致して横浜へ退去し、幕府に圧力をかけてこそ、効力を発揮する。にもかかわらず、ハリスはまたぞろ単独行動、「ひとりお高くとまっている」というのが、オルコックの偽らざる感情であった。

かれはかまわず、一月二六日、フランスのド・ベルクール（Gustave Duchesne, Prince de Bellecourt）代理公使とともに退去を断行し、一月中に移動を完了した。プロイセンはまだ常駐使節を置いていないし、オランダは長崎が駐在地なので、けっきょく英仏二ヵ国の抗議行動となったのである。

この江戸退去はともかくも、オルコックの満足いく結果をもたらした。幕府から横浜に使者が来て、事件の再発防止を協議、約束することができたばかりか、江戸帰還をもとめる将軍家茂の懇請まで得られたからである。かれはひとまず、それで納得し、三月二日に横浜から江戸に復帰した。

もっとも、そうした幕府側の姿勢は、客観的にみたなら、江戸に残ったハリスのとりなしによるところが少なくない。必ずしもオルコックが企図したような、江戸退去の圧力が、効を奏したものではなかった。ハリスに不満だったオルコックには皮肉な経過なのだが、それでもかれ自身としては、この結果がひとつの転機となる。

何より以後の幕府に対するその姿勢が、以前と異なってきた。またその変化は、かれが外国公使の主導的な地位に立ったことで、よりきわだって見える。一八六一年四月に勃発した南北戦争の発生で、対外関係に意を注ぐ余裕がアメリカになくなり、日本ではそれがハリスの姿勢の退嬰化となってあらわれた。ハリス自身の健康がすぐれなかったこともあって、そのリーダーシップはこのころ、完全にオルコックへ移行したのである。

開市開港延期

そのオルコックが直面した外交案件が、開市開港延期問題である。日本が列強と結んだ条約では、長崎・神奈川・箱館の三港のほか、六〇年一月一日には新潟、六二年一月一日に江戸、六三年一月一日に大坂と兵庫が、外国人との通交・通商に開かれることになっていた。しかし幕府は、この開市開港にはすこぶる否定的で、外国側にその延期を申し入れたのである。

理由としては、まず異常な物価騰貴があった。その主因は、客観的にみれば、上にも述べた通貨体系の混乱である。しかしそれが、新しくはじまった外国貿易の影響・結果であることはまぎれもない。その物価騰貴が武士・一般庶民の生活を圧迫していたことも事実である。当時の人々がその原因を外国人の到来によると考えても、まったく不思議ではないし、そうした人心の帰趨が「攘夷」のテロを引き起こす、少なくとも、支持する一因になったのも、やはり否定できない事実であった。

幕府はそうした動向に頭を悩まされていた。開国を断行したのは当の幕府なので、尊王を標榜して朝廷に結集する「攘夷」は、反幕の動きに転化しかねない。それを食い止めるため、幕府は当面の新たな開市・開港を回避することで、「攘夷」勢力の批判をかわし、政情の不安を緩和しようとしたのである。

幕府がこうした開市開港の延期要請をオルコックにはじめて提示したのは、一八六〇年八月七日のこと、折しも「公武一和」のため、和宮降嫁が取り沙汰されていた時である。朝廷の権威をかりて、内外の難局を乗り切ろうとする幕府が、「攘夷」一色の朝廷が嫌う大坂開市・兵庫開港を断行できるわけはなかった。

もちろんオルコックには、そんな事情は問題にならない。条約の規定に違うことは許せない、という立場だったし、いったん約しておきながら延期を言い出すのも、不可解である。しかし幕府側の要請は、真剣そのもので、くりかえし執拗に持ち出してきた。

はじめて本格的な議論となった八月二七日の会談では、貿易とそれによるインフレが外国人嫌悪の一因となっているので、それを促進する挙を控えたい、と幕府側が主張したのに対し、オルコックはインフレによる苦痛は一時的であって、やがて生産の拡大をうながし、経済成長をもたらす、と反駁するとともに、外国人に対する敵意も、排外派の煽動によるもので、開市開港を延期しても排外派を鼓舞するだけで、事態の改善に役立たない、と論じた。

要するに、全面的な拒絶ではある。しかしオルコックは、まったく幕府に手をさしのべなかったわけではない。かれ本人は本国政府に、開市開港延期の承認を求めることを拒否したけれども、幕府からイギリス政府あてに書翰を出すこと、そしてその意見を親しくロンドンの政府に主張するため、使節を派遣することは妨げない、と表明したのである。

遣欧使節団の派遣

この意見に一条の光明を見いだした幕府側は、翌一八六一年のはじめ、各国にあてた書翰を起草作成した。ちょうどヒュースケン殺害事件が起こって、オルコックとド・ベルクールが横浜へ退去した折である。かれらが江戸にもどってきた直後の三月一三日、老中久《く》世《ぜ》広周《ひろちか》・安藤信睦《のぶゆき》が会見に訪れ、起草した書翰の内容を検討し、その伝達送付の手順を協議合意した。久世と安藤は井伊直弼横死ののち、幕政を主導した老中であり、「久世・安藤内閣」ともいわれる。

いまひとつ、使節の派遣については、幕府側は二月二八日、江戸に帰還する前のオルコックに、年内にも実施に移したい旨を伝えている。オルコック自身が元来どういうつもりで、書翰の送付・使節の派遣という選択肢を示したのかは、よくわからない。具体的な成否にさしたる見通しももたずに、できるものならお試しあれ、というくらいの気持ちだったかもしれない。しかし幕府から、正式に実行の心づもりだと聞かされては、それなりの対応が必要になる。かれも使節派遣の実行に積極的に応じると同時に、その事業に小さからぬ意味づけをしようとした。

それを提案した三月一八日付のラッセル(John Russell, 1st Earl Russell)外相あて報告書は、しばしば引用される文書だが、やはりここでも引いておかねばなるまい。

安藤信睦(信行、信正)

イギリスの力と富、およびわれわれと結んだ約束に払うべき敬意に対し、日本の支配者の眼を開かせるためには、支配階級に属する優秀な人物二、三人とその随行員を外交使節として来訪させるより、よい方法は考えられない。これによって、かれらはおびただしい未知なることを知り、ひいては日本の政府が、ヨーロッパ宮廷の壮麗、君主に示される敬意、ならびに諸国の交わす儀礼慣行について十分に理解し銘記することになろう。それにくわえて、そのほかに国家的重要性をもつ問題についても、アメリカで得た多くの誤解を除くのに、あずかって力があろう。

咸臨丸《かんりんまる》・勝海舟・福澤諭吉も同行した、前年の遣米使節の向こうを張ったのは明らかだろう。遣米使節への対抗というのは、オルコック個人としてはハリスへの、イギリス全体としてはアメリカへの対抗であり、対日外交の主導権争いの側面がある。さらにオルコックが説き及ぶように、「反動的な暴力行為を阻止し」、「日本政府が敬意をもって、外国の代表を遇するようになる」効果も期待された。日本の為政者がヨーロッパを親しく見ることは、何より目前にある生命の危険たる「攘夷」のテロを防ぐ方策でもあったわけである。

とはいえ、日本にとって、その使命はやはり開市開港の延期を列強と約するにあった。オルコックがこの時点で、それが実現できると本気で考えていたとは思われない。ともかくもかれにとっては、使節を派遣すること自体がまずは重要だった。

転機

　こうして遣欧使節の派遣は、準備がみるみる進んでいった。翌六二年の一月から三月の間に出発することが決まり、五月のはじめには使節の主要メンバーも選ばれている。正使は勘定奉行兼外国奉行・竹内保徳《やすのり》、使節団は主として、その下僚の外国専門家で構成された。福澤諭吉はじめ、前回の遣米使節に参加した者も六名おり、さらには若手の洋学者として、福地源一郎（桜痴）・箕作《みつくり》秋坪《しゅうへい》・松木弘安《まつきひろやす》（寺島宗則《てらしまむねのり》）もくわわっている。使節団に関わって必要なことは、オルコックとくわしい相談をして決まっていった。

遣欧使節団の一行（東京大学史料編纂所所蔵）

　オルコックはその後、二ヵ月ほど江戸を留守にした。かれが判決を下した領事裁判に関して、香港の最高法廷に出廷しなくてはならなかったからである。もっともかれはそれを単なる出張にはせず、香港からの帰路を、長崎・江戸間の旅行にあてることにした。その旅の見聞は、かれの著書『大君の都』にくわしいので、ここでは省略する。ただひとつだけ、『大君の都』の書き方によれば、この旅行のあいだに、オルコックの日本観、ひいては対日外交の方針に大きな変化が生じたらしいことを指摘しておきたい。

しかし気づかないわけにいかないことがあった。あらゆる条約で、外交代表の特権だとわざわざ規定のある「日本国を自由に旅行する権利」は、数人の大名が大君の役人の黙認をえて、みごとに公道だけに限定していたのである。大君の結んだ条約によって樹立された実際の関係がどんなものであるか、これではじめてはっきりわかったように思う。大君は、条約を結びはした。だが、ミカドは決してその条約を批准したり、認可したりしなかった。したがって、大名たちにその条約をまもるように強制できなかったのである。ミカドの認可のないことには、条約は大君の領地（開港場と江戸）以外の何人に対しても、さらには江戸にいる大名やその家臣に対してさえも、何の拘束力ももたない。大名の家臣たちは、まったく大君の支配下にある地域内でさえ、条約に背いて外国人を侮辱したり、傷つけたり、殺害したりすることを何とも思わなかった。西洋諸国は日本とその元首とではなく、五つの港とそれに隣接する地域のみを統治している大君とだけ、条約を結んだからである。

あいつぐテロ事件、実効をあげない幕府の対処、交渉相手の煮え切らない態度。これは外国・条約に対する日本政府・日本人の敵意という以前に、条約を有効に履行できない日本の政治構造に内在する問題ではないか。こうした推測がオルコックのなかで、やがて確信にかわってゆく。

もちろん日本の政体、幕藩体制のことは、いろんな書物や資料をみて、頭では知っていただろう。しかしそれを肌で感じ、自身の目前の課題と関連づけて理解する境地にまでは、まだ至っていなかった。それまではまだまだ茫漠としたイメージにすぎず、相手側のことに配慮する条件をもてなかった。なればこそ、条約の遵守という原則論を一方的に、くりかえし求めるほかなかったのである。

それがこの旅で頓悟したのだとすれば、それに先だつ「攘夷」事件、あるいは、つづく書翰送付・使節派遣の交渉をへて、旅行という自らの体験とあいまって、ようやくひとつの確乎たる像を結んだというべきだろうか。

そこでかれは一転、幕府が要請する開市開港の延期、いいかえれば、条約の修正に肯定的な姿勢になる。窮状にある幕府を追いつめることは、日本の混乱を増し、外国にほとんど利益はない。むしろヨーロッパに派遣する使節には、その使命をかなえさせるべきだ、との方針に転じる契機を、オルコックはどうやら得ていたらしいのである。

その方針はかれにとって、いよいよ現実性を帯びてきた。江戸に帰るまでに、賜暇帰国が認められそうだとの知らせを受けたからである。これで幕府の派遣する使節に自分が同行して、その使命を果たさせることのみならず、ヨーロッパで日本に学ばせ、日本を知らせることにも寄与できる。目標を得たオルコックは一路、江戸への道を急いだ。

東禅寺襲撃

かれが高輪東禅寺の公使館に帰着したのは七月三日。かれの賜暇帰国中、代理公使をつとめるはずのオリファント（Lawrence Oliphant）もすでに到着していた。椿事はその二日後の夜に起こったのである。

十四名の「攘夷」派水戸浪士がイギリス公使館の東禅寺を襲撃した。それまでの「攘夷」テロは、いかに頻発したといっても、いずれも路上の散発的な不意打ちであったから、よもや公使館そのものに徒党を組んで攻撃するとは、想定外のことである。浪士たちはオルコックの旅行で「神州を夷狄《いてき》が汚した」とみなしており、悲憤慷慨してこの挙に及んだものらしい。

オルコックが夜半、通訳生に起こされたときには、すでに浪士たちは東禅寺に侵入し、乱闘がくりひろげられていた。オリファントは腕と首を斬られて重傷であった。公使館を護衛する百五十人の武士が駆けつけて、浪士は十分後にようやく撃退された。双方あわせて死者五人、負傷者二十人、公使館の主オルコックは、奇跡的に無事であった。

この事件は幕府に対するオルコックの感情を著しく害した。無理もない。すでにテロ事件は頻発し、いくたびとなく抗議してきたところだった。江戸から引き上げすらしたのに、それから四ヵ月もたたないうちに、今度は自分自身が被害にあうとは、とうてい納得できるところではない。

その脳裏に去来したのは、やはり外国人の生命・財産の保護を軽んじる幕府の無能と無責任という以前からの批判である。それはくりかえし非難しなくてはなるまい。オルコックはしかし、ヒュースケン殺害の時のように、江戸退去という手段にはうったえなかった。むしろ幕府の本音と能力をさぐる方針に出たのが、ここでみせたかれの変化である。

すなわち、八月一四・一五日に行われたいわゆる「秘密会談」の開催であり、のちに『大君の都』で「日英関係の歴史にひとつの画期をなす」と自賛する出来事だった。もちろんそれは、実際の日英関係の転換をもたらした、という意味ではない。そのきっかけをなした、ということであり、いっそう正確にいうなら、オルコックが自らの認識を改め、構想を固め、次の新たな行動に出る決意の後押しを提供したところに、この「秘密会談」の重要性がある。

折しも、三月に対馬に来航したロシア軍艦ポサドニク号が、居すわったまま動かない、という情況が続いていた。ポサドニク号の行動はロシア本国から「外交問題に発展させない範囲」と決められていたものの、幕府の退去要請に応ずることなく、対馬から引き揚げるのはようやく半年後、イギリスの強い抗議にあってのことである。

当時はこうした緊張もあり、オルコックはイギリス艦隊による対馬占領まで進言した。イギリス極東艦隊を率いたホープ（James Hope）提督が来日したからである。占領じたいはホープ・イギリス海軍・本国政府が否定的だったので、沙汰止みになったけれども、オルコック自身は武力の行使を辞さない考えを持ちつづけたことは注目しておいてよい。艦隊の存在はオルコックにとってそれほどに心強く、次の行動を構想しうるきっかけを与えたものだった。

そうしたなかで、この「秘密会談」は行われたのである。列席したのは、イギリス側はオルコックとオリファント、ホープ、幕府側は老中安藤信行（信睦）と若年寄酒井忠毗《ただます》、くわえて通訳だけにすぎない。そのため日英双方は、これまで公開の話し合いでは、とうてい口にできないようなところを応酬できた。とりわけ重要なのは、幕府側が自らの政治的な位置を説明したことである。いっそう直截にいえば、「ミカド」の存在という新事実の暴露だった。オルコックの外交文書をみるかぎり、幕閣が直接かれに「ミカド」のことを詳細に語ったのは、おそらくこれがはじめてである。

「日本には大君のほかに、精神的皇帝（spiritual Emperor）が存在し、悠久の昔から連綿と続いている。大君はミカドが任命する者である。そのミカドが現在の状態に不満を持ち、大坂・兵庫の開市・開港に強く反対しているので、開市・開港が実行されると、幕府と京都のあいだに、重大な衝突が起こるおそれがある」

「ミカドはあらゆる実権を大君に委ねたはずなのに、なぜそれほど有力な反対ができるのか」

これはオルコックならずとも抱く疑問であろう。そこで幕府は、大名たちの荷担をいわざるをえなかった。

「いかなる大名も幕府に抵抗する力はもっていない。大名はそこで、ひそかにミカドを動かして幕府に反対させようとするのだ」

と述べ、それを防ぐためにこそ、皇妹和宮の降嫁が行われることを力説し、そうしたあらゆる幕府の窮状に対し、イギリスの配慮を要請したのである。

オルコックはそれを受けて、問題の核心をついた。幕府の求める開市開港延期を受け入れたなら、「攘夷」テロ・公使館襲撃のような脅威はなくなるのか、と。これにはさすがに安藤も、即答はしかねた。なくなる、とは断言できないからである。オルコックはそれを受け、外国人の安全に対する保障、もしくはそれに代わる条件があれば、開市開港延期に応ずる意向であり、それを本国政府に具申する、と結論し、「秘密会談」は終わった。

オルコックはひさしく「大君」と称する主権者の性格に、疑問を抱いてきた。それを「ミカド」や大名との関係でようやく理解できたのは、おそらくこのときであろう。安藤らとのやりとりで、オルコックはいままで、しかとは見えなかった、あるいは脳裏の想像でしかなかった日本の政治構造を、ようやく確かな知識としてとらえることができたのではないだろうか。その著書を「大君の都」と題して、先に引くような文章を載せたのも、ここに由来する。

そこで、かれが支持すべき対象も明瞭になった。自らが襲撃を受けても、なお譲歩を決意したのは、それが第一の動機であって、それが以後あるべき対日政策と連動する。日本をロシアの軍事的脅威から保全し、第一の貿易相手であるイギリスに依存させようという方針は、かくて現実に動き出すこととなった。

計画中の遣欧使節は、そうした方針の実現にむけた重要なステップになりうる。オルコックは負傷したオリファントを帰国させて、「秘密会談」の結果と自身の方針を本国外務省に伝えさせた。もちろんオリファントに代わる代理公使の派遣をも求めている。

一歩まちがっていたら、殺されていたかもしれない。五〇歳をこえたオルコックは、そのような境遇にあって、さすがに疲れを感じていた。それでも前途には、己が定めた使命がある。果たさねばならない事業がある。日英関係はむしろ、これから始まるのである。自身の感慨がどうあれ、かれはまだ退くわけにはいかなかった。

5　賜暇帰国

万博参加

オルコックの旅立ちを意欲的にしむけてくれたのは、ロンドン万国博覧会開催の知らせであった。一八六二年五月一日からだという。かれはこれを機に、任地の日本を世界に知らしめるべく、出品の準備にとりかかった。当時のことをふりかえっていう。

江戸に駐在し、内地も旅行して、ずいぶん長くこの国にいたので、日本の工芸品が芸術的にすぐれており、高い評価に値するものと知っていた。実際この時までに、自分の勉強と楽しみのため、その芸術的な進歩とオリジナリティがみてとれる、たくさんの品々を蒐集していた。

少年のころから美術・工芸には、なみなみならぬ関心をもっていた。自らの作品もあるほどである。かれが「文化果つる」極東の地で、二十年の生活に耐え得たのは、中国・日本の美術工芸がその興味を満たし続けたからかもしれない。

だからオルコックは、すでにこの十年前、上海駐在領事在任中の一八五一年、やはりロンドンで開かれた史上初の万国博覧会に、中国からの出品を試みたことがある。もっともこのときは、清朝の当局者が非協力的で、しかもまだ形成途上の外国人社会では、良質の中国製品をそろえることが困難であって、満足なことができなかった。オルコックが夢みた中国の万博参加は、一八七三年のウィーン万博で、かれが創設した洋関の外国人職員たちが実現させることになる。

それに対し、今回の日本はむしろ好都合だった。上の引用文にもあるように、オルコック自身もすでに日本各地を旅行して、さまざまな工芸品を実見し、購買し、蒐集していたし、組織的な入手蒐集も、かつての中国よりはずっとたやすかったようである。

幕府の側がこのとき万博の参加・出品にいかほど理解し、価値をみいだしていたかはわからない。ただかれらもこの間、オルコックが協調的になったことは感じとっていた。万博に積極的なオルコックの意向を是認し、その出品などはかれに頼ることとし、オルコックは品物の蒐集・選定で、存分に腕をふるうことができた。最終的に送った品物は、合計六一四点、大きく九つに分類して、詳細な目録も作成した。

もちろん品物ばかりではない。オルコックは遣欧使節をも、この万博に関連づけようとした。すなわち五月一日の開会式に、竹内保徳ひきいる遣欧使節団を参列させようと日程を調整する。いずれも日本という未知の国をヨーロッパ・世界に知らしめる手だてであった。それがかれの日本での仕事のあかしともなるからである。

こうして準備をすませた竹内使節団一行・三十六名を乗せるイギリス軍艦オーディン号は、一八六二年一月二二日未明、品川沖を出帆してヨーロッパに向かった。かれらの任務は決して軽くはない。大坂開市・兵庫開港の延期を勝ち取るばかりでなく、ヨーロッパを実地に見聞し、学んで帰る、という目標をかかげての出発だった。

決意

一行を見送ったオルコックも、帰国の準備にとりかかる。ところが、またもやテロ事件が起こった。今度は外国人ではない。一八六二年二月一三日、東禅寺を襲ったのと同じ尊攘派の水戸浪士ら六名が、江戸城坂下門外にて老中安藤信正（信行）を襲撃、安藤は一命をとりとめたものの、重傷を負った。いわゆる坂下門外の変である。

オルコックは天を仰ぎたい気分だっただろう。この間、開市・開港の延期、遣欧使節、万博参加などの問題を話し合い、「対外関係の維持に最も好意をもつ」とみなしてきたのは、ほかならぬ安藤だったからである。オルコックは帰国まぎわ、最後の打ち合わせをしなければならない時に、最も重要な交渉相手を失う羽目に陥った。二月下旬、自分の帰国を許可する書類がとどき、オリファントに代わって代理公使をつとめるウィンチェスターも来着した。ここは安藤の回復をまって、話し合いをもつしかない。

しかし安藤の復帰はかなわなかった。実際かれはオルコックと再会することなく、失脚してしまうのである。三月中旬まで離日をひきのばしたものの、ついにオルコックも決意して、老中久世広周のみとの会談をもつことにした。一八六二年三月一二日・一六日のことである。やはり前年八月と同じ「秘密会談」だった。

オルコックが本国に説得をほのめかした開市・開港の延期に対するイギリス外務省の反応は、必ずしも芳しくなかった。要するに、条約規定の変更をまったく拒絶するわけではないけれども、その承認には変更に値する「代替物」が必要だとの立場である。それまでの否定的な態度とほとんどかわらない、といって過言ではない。

もとより日本の側にそうした「代替物」を用意できるかどうか、きわめておぼつかない。「攘夷」のテロさえ、有効におしとどめることができないのである。オルコックもそうした事情をわかっているからこそ、幕府にイギリス側の考え方を伝えて、ともに対策を考えなくてはならなかった。

久世も新しい提案があったわけではない。もっとも坂下門外の変を受けて、いっそう幕府は苦境に陥っていたから、久世はそれをかなりの率直さで、オルコックにぶつけた。

「すべての日本人はミカドを神と仰ぐ。もとより迷信ではあるが、それが普及しているところでは、ミカドのもつ権威を無視することはできない。だからミカドが最終的に納得すれば、それだけ効果は大きいだろう。……ミカドははじめ、攘夷を認めていたが、最近ようやくその目的が内乱醸成にあると気づいてくれた。とはいえ、ミカドは保守的で変化を好まないので、当面、条約勅許を求めることはできない。……ミカドは条約を読んでおり、表面上はうまくいっているようだが、実際はその反対である。大名たちが承認していない。……猶予なしに成果は望めない。われわれは内乱に脅かされている。それを回避し、国内外すべての人々を利するには、ほかに手だてはない」

この久世の発言はオルコックが思い描いていた日本の政情、あるいは政治構造の動態にまさしくあてはまり、またそれをいっそう鮮明にしてくれた。開市・開港の強行は「攘夷」を激昂させて、内乱を誘発するおそれがあり、それが対外関係の破裂を導く。しかし開市・開港を拒絶して、外国との関係を損なえば、幕府が破滅の道をたどって、やはり内乱を導きかねない。幕府は開市・開港で、進退きわまっていた。オルコックは、「幕府は常軌を逸した、真の苦境に立たされている」と共鳴し、当面は幕府の立場を擁護することが、日本に起こりかねない重大な混乱を回避し、日英の貿易を保護し、ひいてはイギリスの利害にもかなう、との見解を固めたように思われる。

かれは個人としては共鳴を禁じ得なかったものの、もちろん一存でイギリスの方針を変えるわけにはいかない。そこで、自分が「帰国した後、政府を動かし、開港期日の大きな譲歩に関わる新たな訓令を発せしめることはできる」と答えて言った。

「使節団がロンドンに着いたなら、かれらを通じて交渉を行うのは、大君の政府にほかならない。もっとも、新たに送りたいと思う訓令があるなら、わたしが確実にとどける役目を引き受けよう。あるいはお望みとあらば、書面の訓令にくわえ、政府の見解や政策を口頭でいっそう完全に伝えることができるように、腹心の役人もお預かりし、同行してもかまわない」

公の記録に残るところでは、かれは日本の立場に与《くみ》する、とは決して明言していない。けれども上のような発言には、重大な含意がある。その心は、使節団の交渉を支援するのみならず、自分が本国政府への説得にあたる、というにある。

竹内使節団は物価騰貴や排外感情の劇化を避ける、という幕府の立場と目的を説明でき

森山多吉郎

るにすぎない。イギリス側の立場や観点に即した交渉は不可能であろう。それでは、一方的な言い分であって、イギリス政府を動かすことはできまい。とはいえ、開市・開港の延期を交渉で勝ち取る任務と役割は、あくまで竹内使節団にある。それなら、幕府の立場を支持することが、イギリスの利益につながる、という論理を用意して、使節団に「とどける」と同時に、イギリス政府にも示唆する任にあたる人物がいなくてはならない。オルコックは自らそれを買って出た。とくに「腹心の役人」の帯同を求めたのも、そうした自分と使節団とを密接につなぐ必要があったからである。

　オルコックはその「腹心の役人」として、かねてより日常的な通訳にあたってきた森山多吉郎を指名した。かれはオランダ通詞の家に生まれ、のち英語も学んだ練達の通訳であり、福地源一郎や福澤諭吉に英語を手ほどきした人物でもある。幕閣としても、こんな重要な通訳をおいそれと手放すわけにはいかないはずだった。しかしこのときは、オルコックの提案を快く受け容れたのである。これには、オルコックのほうが驚き、かつ「感動」した。長らく目標としてきた、日本をイギリスに依頼させるための重大な一歩と映ったからである。久世らとしては、それほどに幕府が苦境にあり、開市・開港の延期を実現させねばならない、という意思のあらわれであった。

森山とかれに同行する淵辺徳蔵《ふちべとくぞう》とは、「秘密会談」が終わって五日で洋行の準備を終え、すべての準備はととのった。淵辺は外国語を解さなかったけれども、森山を通じて情報を集め、のちに『欧行日記』を書き残した人物である。オルコック・森山・淵辺が出航したのは三月二三日。オルコック自身、申請していたときには、考え及びもしなかった内容の休暇のはじまりであった。そこにも、かれの日本観の変化が大きく作用していたのである。

「ロンドン覚書」

さきに出発していた竹内使節団は、四月七日パリに到着、二九日までフランスに滞在した。もちろんフランス政府と開市開港延期の交渉を行っている。しかしながら、一向に埒があかない。日本の使節団を迎える英仏政府は、儀礼的な表敬訪問の使節とみなすことを基本的な立場としていたからである。イギリス政府・外相ラッセルの発案だった。その意を受けたフランス政府とでは、三たび協議を重ねても、具体的な成果が上がるわけはない。交渉に関するかぎり、竹内使節団の活動は、ほぼ徒労に終わっていた。

もっとも、ラッセルの姿勢は頑なな拒否ではない。かれはむしろ、賜暇帰国するはずの

使節団渡欧・ロンドン万国博覧会
（The Illustrated London News 所載）

オルコックの到着を待っていた。遅れて帰国する公使が幕府と了解したうえで、何らかの新たな方針をもたらすことがわかっていたからである。したがって四月三〇日イギリスにわたり、翌日、万国博覧会の開幕式に出席した竹内使節団が、イギリス政府相手に交渉しようとしても、やはり進捗はなかった。十日以上待たされたあげく、話を聞き置く以上の態度を示してはもらえなかったのである。

待ちかねたオルコックからの連絡が来たのは五月一七日。スエズ発の電報だった。かれが携えているはずの新たな方針は記していないが、新たな使者を連れてくる、という。竹内もラッセルもこれで、大いに安堵したようである。オルコックが着くまでの間、使節団はイギリス国内各所の見学にいそしむことになった。万博にもくりかえし足を運んでいる。

オルコックは五月二五日、パリに入った。そこでフランス政府と話をとりまとめたのち、帰国してロンドンに着いたのは五月三〇日。使節団と合流して、一ヵ月のあいだ渋滞していた日英交渉を、疾風迅雷の勢い、六月六日には妥結までもっていってしまった。ここにとり結ばれたのが、いわゆる「ロンドン覚書」。大坂の開市と兵庫の開港を一八六七年末まで延期することで、合意した文書である。

六月一二日にイギリスを離れた竹内使節団は、日本が条約を結んでいる国々、オランダ・プロイセン・ロシア・フランス・ポルトガルをまわって旅を続ける。そこで次々に開市・開港の延期を約してきた。「ロンドン覚書」がその雛型になったのは、いうまでもない。

ラッセル外相は「イギリスは日本とおびただしい貿易があるので、日本が内乱に陥ったなら貿易を失う」とみて、日本の主張を認めた。それはオルコックの考え方とまったく同じ論法であって、かれの説得が成功したこと、さらにいえば、相手国の国情に応じて、条約の改訂を構想し、実現できたことを意味する。それこそがオルコックの独創であって、「ロンドン覚書」の意義もまさしく、そこに存するといってよい。

実は幕末維新史、あるいはせまくその時期の日英関係史・外交史の上からいっても、「ロンドン覚書」の意義はさして高いとは認められない。何となれば、それが以後に直接する史実経過に及ぼした影響はほとんどない、といってよいからである。まもなく日本では、いっそう大きな国内政治の変動と対外関係の破綻が起こって、開市開港延期の合意など、いわば消し飛んでしまった。竹内遣欧使節団の意義についても、同じことがいえる。

しかし、オルコックに即して近代東アジアの歴史をみるなら、その意義は決して軽くない。任国の国情、政治・経済・社会の構造、そうしたものをみすえて、条約の意味を考え、その改変をも辞さない、という行動パターンがはじめてあらわれたからである。それまでは、いったん結んだ条約を絶対だとみなし、相手国の事情を考慮に入れず、その遵守をひたすら強要するのが、西洋の行動様式であった。「ロンドン覚書」はそれとまったく逆の発想・思考にもとづくオルコックの行動を、眼に見える史実として示したものなのである。

6 対日政策の転換

混迷

それにしても、オルコックは実はよい時期に帰国したのかもしれない。久世広周がかれに切々とうったえた幕府の危機は、はやくも現実のものとなり、混乱が拡大深化して、オルコックが恐れていた事態に立ち至ったからである。かれの留守中のそうした動きを、簡単にでも追わなくてはならない。

まずは坂下門外の変で襲撃された安藤信正が再起できず、久世広周もまもなく老中を罷免されてしまい、オルコックも協調的・開明的だと認めていた「久世・安藤内閣」が、かれが日本を離れて数ヵ月の後に、あっけなく潰えた。

その少し前、一八六二年四月半ば、薩摩藩の島津久光が千の兵力をひきいて鹿児島を出発し、東上の途についた。久光は藩主の実父として藩の実権を握り、中央政界に進出して、幕政の改革と公武合体を進めようとしたのであり、まずは京都に行って朝廷と協議し、その方針をかためた。

朝廷は同年六月、久光と同行する勅使を江戸へ派遣、その命を受けた幕府は八月はじめ、一橋慶喜《よしのぶ》を将軍後見職、松平慶永《よしなが》を政事総裁職とするなどの改革を行わざるをえなかった。まもなく参勤交代の制も緩和されているから、「久世・安藤内閣」後の幕府の弱体化が露呈した出来事だったといってよい。

ひとまず目的をはたした島津久光は、九月一四日、江戸から退去し、西上の途につく。神奈川の近くの生麦村を通ったさい、乗馬のイギリス商人リチャードソン（Charles Lenox

Richardson）らがその行列に闖入、家来たちがかれらを斬殺した。いわゆる生麦事件である。

京都の朝廷では、急進的な尊王攘夷派が勢力を増していた。翌一八六三年三月、将軍家茂を上洛させ、「攘夷」の実行を約束させる。長州藩は六月二五日を期したその「攘夷」を履行すべく、関門海峡を封鎖し、下関を通航する外国の商船・軍艦に砲撃をくわえた。

これに対し、長州を主とする急進派の勢力拡大を快く思わない、薩摩中心の公武合体派が巻き返しをはかり、いわゆる「八月十八日の政変」で、急進派を朝廷から追放し、主導権を握った。けれども、これで「攘夷」がなくなったわけでも、幕府の弱体が解消したわけでもない。

公武合体派が勢力を拡大して、参預会議を開いて幕政を導くことになったものの、幕府の混迷ぶりは改まらなかった。対内的な苦境を顧慮するあまり、公武合体の声に押されて、朝廷に迎合し、従前の開国とは矛盾した政策をとろうとしたからである。

イギリスは生麦事件の賠償を、幕府と薩摩藩に強く求めていた。条約で通行を認められた路上で危害に遭った責任は、条約を結んだ幕府にあり、殺害行為の責任は薩摩にある、という論理である。ここからわかるように、外国側はなお幕府を日本の中央政府とみとめ、第一の交渉相手としていたし、「攘夷」を圧服するための軍事援助まで申し出ていた。

イギリスは幕府とたび重なる交渉のすえ、十万ポンド・スターリングを支払うことで、どうにか合意にいたった。けれども、薩摩とは決裂する。そこで一八六三年八月、鹿児島に軍艦を派遣して、薩摩藩の砲台・鹿児島の城下町を攻撃した。いわゆる薩英戦争である。敗れて武力の隔絶を思い知らされた薩摩は、イギリスの要求を呑んだばかりか、以後「攘夷」路線をあらため、イギリスと親密な関係を築いてゆくのは、周知のとおりであろう。

外国側の姿勢・期待とは裏腹に、幕府そのものが「攘夷」的な色彩を強めてきた。その典型が横浜鎖港問題である。幕府は窮余の一策として、横浜港を閉鎖し、貿易を停止することで、「攘夷」を望む孝明天皇の意向にこたえ、国内支配の正統性を確立しようとした。もちろん外国の側にとっては、条約に違背する言語道断の措置である。幕府の参預会議でも合意ができず、とうてい実現の見込みはなかった。それでもなし崩し的に、主要貿易品の生糸の輸出制限が行われることになり、外国側の不満は日増しに高まってくる。

この間、イギリスの駐日公使館をあずかっていたのは、代理公使のニール（Edward St. John Neale）である。オルコックの帰国後、しばらく代理をつとめた長崎駐在領事のウィンチェスターに代わって、一八六二年五月二七日に着任した。北京のイギリス公使館書記官に任じていた陸軍中佐で、もちろん日本は初めてである。それだけに、ニール自身にとっては難題の連続だった。生麦事件でも即時報復を求める部下をなだめ、他国と協調して、幕府に断乎たる姿勢で臨み、薩摩の出方をみきわめたうえで、最後に鹿児島を攻撃する挙にふみきっている。

このように、ニールの執務ぶりはむしろ慎重で、問題の処理も無難だった。もっともそれは、経験の不足と不安定な立場、さらには、本人の性格などに起因する退嬰的な行動だったともいえる。少なくとも居留外国人は、イギリスの外交官たちをふくめ、それにあきたらないものを感じていた。

そこに浮上してきたのが横浜鎖港問題である。外国側と絶望的な協議をつづけてきた幕府は、フランス公使のド・ベルクールの示唆を受け、二年前に開市開港延期のために旅だった竹内使節団の顰《ひそ》みにならって、ヨーロッパの本国政府と直接、横浜鎖港を交渉する遣欧使節団を送ることとした。使節団が出発したのは、一八六四年二月六日のことである。

ちょうど同じころ、逆にヨーロッパから日本に向かっていた人物がいる。使節団とは上海で遭遇した。休暇を終えて帰任するイギリス公使オルコックその人である。

下関攻撃

オルコックが江戸に帰任したのは一八六四年三月二日。かれが留守の間に、日本の政情はすっかり変わっていた。もちろん日本に着く前から情報蒐集に怠りない。上海でも第二次遣欧使節団に接触し、それを正しく「時間かせぎ」だと喝破したかれではあるが、しば

オルコック、夫人とともに帰任（*The Illustrated London News* 所載）

らくは静観して、情勢をみきわめることにする。

オルコックが動き出したのは二ヵ月後。幕府が外国人を日本から駆逐しようと決意した、とみきわめたかれは、五月六日の本国あて報告で、「譲歩の時は過ぎ去った」と結論し、「以前にもまして激しくなる敵意と攻撃を坐して待つべきか」、それとも「大名のうち、最も凶暴かつ無謀なものを攻撃し」て「効果的な一撃を加えるべきか」と問いかけ、長州下関砲台を攻撃する決意を表明した。ニール以来の「譲歩」方針が転換した瞬間である。この「若干のリスクをともなう」挙は、前年の外国船に対する長州の「攘夷」・砲撃に対する報復という形をとっているけれども、もちろんオルコックの企図は、それだけにとどまらない。最小の犠牲で、最大の効果をあげうる手段であり、「上はミカド・大君から、下は大小を帯びる武士・浪人にいたるまで、あらゆる支配勢力」に「攘夷」が不可能なことを徹底的に思い知らせ、むしろ日本との全面的な戦争を回避する機会なのであった。

そこにはもちろん、薩英戦争の経験がある。屈服の後に開国姿勢に転じ、参預会議でも鎖港に反対した薩摩の動きをオルコックは見のがしていなかったし、その不満が幕府の貿易独占にあることも知っていた。長州およびその他の「攘夷」勢力にも、それがあてはまると考えたのである。

静観から果断に転じたオルコックは、それでもなるべくなら武力行使を避けようとする姿勢をとった。ただちにアメリカ・フランス・オランダ三ヵ国との連携をとりつけ、幕府と会談を重ねてその意向をさぐりつつ、イギリスを加えた四ヵ国の議定書を作成し、関門海峡の封鎖・横浜の鎖港に抗議するとともに、長州に対する処罰と外国人の条約権利の尊重を申し入れる。時に五月三〇日、なお幕府の自発的な行動を促したのであった。

ところが同じ日、上洛していた将軍家茂が江戸にもどると、貿易統制はいっそう強化された。家茂が横浜鎖港を朝廷に誓約していたからである。横浜貿易の八〇パーセント以上をしめるイギリスの公使として、これは坐視できない動向であり、オルコックをして最終的に武力の行使を決断せしめた要因であった。オルコックはまったく幕府に失望し、他の

下関砲台占拠（長崎大学附属図書館所蔵）

三ヵ国と共同で七月二二日にあらためて議定書を作成、武力行使を辞さない旨の通告を幕府に行う。そこには海峡封鎖の解除まで、二十日間の猶予が付せられていた。

イギリス艦九隻をふくむ十七隻の四ヵ国連合艦隊が、下関攻撃のため横浜を出帆したのは八月二八日。ここまで延引したのは、なお最後の和平工作が続いていたからである。長州藩士・伊藤俊輔（博文）と井上聞多（馨）の奔走である。イギリス留学中だったかれらは、ロンドンで危機を聞きつけて急遽帰国し、オルコックに面会、攻撃の猶予を要請して、藩主を説得しようとした。この工作は効を奏さなかったけれども、オルコックとしては長州藩の利害関心や幕府との関係をくわしく知るうえで、無駄な試みではなかった。案の定、長州も幕府の貿易独占に、反感をいだいていたことが確認できたからである。

九月五日から始まった艦隊の攻撃は、事実上その翌日で終わった。その二日間の軍事行動で、長州藩の抵抗力がほぼ奪われたからである。九月八日には、すべての砲台が破壊された。まもなく艦隊と長州藩の間で停戦協定が結ばれて、関門海峡も開放されたのである。

「一撃」の「効果」は、覿面であった。以後の長州藩は周知のとおり、「攘夷」の不可能なのを知り、やがてイギリスに接近し、軍備の増強につとめるようになる。また長州の屈服を受けて、「攘夷」に傾いた幕府の態度も一変した。生糸輸出制限・横浜鎖港を撤回し、条約の勅許をとりつける努力をすることを外国側に約したのである。

構想

ほぼオルコックの期待にたがわぬ推移であった。この成果を受け、かれは来たるべき新たな日英関係構築に向けて、その構想を書面にまとめる。そのうち最も重要なのは、九月二二日付の覚書であり、その長大な文書の要点をかいつまんでみていこう。

オルコックのみるところ、「日本の対外関係にかかわる諸悪の根源は、ミカドと大君の間に意見の一致が存在しない」ところにある。そのため「条約の大部分が機能しないままになって」きた。したがって、下関攻撃最大の成果は朝幕一致であるべきで、幕府に条約の勅許を獲得するよう強く求めたのも、そこに理由がある。

しかし朝幕を一致させるには、「大君がミカド・雄藩に一定の大なる譲歩をするしかない」。その「大なる譲歩」とは、「攘夷」観念を減退させるため、幕府が独占する貿易からあがる関税収入の一部を、窮乏している朝廷に納め、また諸大名にも貿易の利益にあずからせて、外国貿易が有利なことを示すことである。後者には、鹿児島・下関の開港をも含んでいた。つまり薩摩・長州に対するイギリスの接近と支持にほかならない。

それを実行するには、現行の条約およびその当事者ばかりでは不可能だ、とオルコックは指摘する。そこで提案するのは、「条約の根本的な大改訂」だった。その「改訂」では、それまで外国側が不満に感じてきた、「日本人との自由な交際に対する諸制限」や日本人の海外渡航禁止の撤廃を求めるばかりではない。すでに自身が誤っていたと悟った通貨問題でも、外国貿易の発展を妨げないかぎりで、最善の方法によって通貨規制を自由にする方針を打ち出しており、外国側の譲歩も含めている。そうした譲歩には、さらに江戸開市や外国人の東海道旅行権の放棄もあって、こちらは「攘夷」観念に配慮したものだった。

こうした「条約の根本的な大改訂」は、もはや「大君」・幕府のみがよくするところではない。「大名の一大会議の招集が不可欠」だった。その改訂条約には、もちろん「ミカド」の勅許も必要である。

それまでは「大君が条約をつくる権力体（the treaty making power）で」、「その履行に責任を有するとみなされ」てきたし、オルコックもそれをすぐに、いっさい否定してしまうつもりはない。けれどもかれの日本駐在の日々は、幕府だけで日本全体を代表することが不可能な現実を経験してきた時間でもあった。

責任をとるのは、政府にほかならない。政府は国際法によって責任を負うからである。全世界に対し、秩序を維持し、生命・財産を保護する法をしかるべく尊重する責任がある。それができない、となれば、政府というものに不可欠な性質を具有していないことになり、外国の尊敬をうける資格を失う。外国が相手とすることのできるのは、実質的に支配している政府のみであって、名目だけの政府ではないからである。

以上は一八六一年一月下旬、かれが幕閣に送った書翰の一節である。こうした「政府」が日本に成立しえず、条約を機能させてこなかった、というのがオルコックの認識であって、幕府の「譲歩」と「大名の一大会議」は、そんな日本の政治構造を克服し、対外関係を円滑にすべき装置となりうる。

以上まことに雄大な構想ながら、かつての「ロンドン覚書」の発想をうけついでいることも、看取できるだろう。つまり日本の国情に合わせた条約改訂の提起にほかならない。しかもこのたびは、それればかりではなかった。相手国に対する自国の向き合い方そのものにも、変更を求めている。条約を結んだ相手の幕府にとどまらず、「ミカド」・雄藩などの政治勢力をも、「政府」の構成要素として複合的に位置づけたのである。もはや幕府を唯一の中央政府と見ない思考法は、やがてイギリスの対日政策、ひいては日本の政治構造そのものを変革する第一歩となる。

北京・現在の前門大街（John Thomson, *Illustrations of China and Its People*, vol.4, London, 1874（財）東洋文庫所蔵）

第 5 章
北 京

1　ふたたび中国へ

召還

オルコックの果断な下関攻撃とその大きな成果は、居留外国人の圧倒的な支持と歓迎をえていた。オルコック本人もおそらく、予期したとおりの結果になって満足だったであろう。しかしかれに、喜ぶ暇は与えられなかった。下関攻撃作戦が終了し、幕府から鎖港撤回などの約束をとりつけてまもなく、一八六四年九月二八日かれの手許に届いたのが、本国のラッセル外相からの訓令である。

七月二六日の日付があるそれは、オルコックが下関攻撃の決意を知らせた五月はじめの報告に対する返信で、「日本国内で、いかなる軍事行動をもとらないよう、命じ」ていた。つまりオルコックが決断した武力行使を禁じたのである。そして八月八日付の訓令では、

貴下はなるべくすみやかに帰国し、日本の実情を説明し、とるべき措置について政府と協議しなくてはならない。

とあった。端的にいえば、オルコックが起こした軍事行動は、本国外務省の方針に違っている、そのため任を解いて、本国に召還する、という命令だったのである。

そもそもオルコックは、一八六三年の末に休暇を終え、帰任するにあたって、ラッセル外相から今後の行動について訓令を受けていた。以下その要旨をかいつまんで紹介すると、

大君と大名に対して条約義務の履行を求めること。イギリス商船の通航をさまたげるという明確な目的で建設された砲台が、その敵対的な意図を行動で示した場合、その破壊に同意する権限を有すること。ただし、敵対的な意図が行動によって明確に示されないかぎり、武力行使はさしひかえること。

ラッセル

となる。以上しばしば「一般的」訓令といわれるように、原則的な指針を示したもので、武力の発動を全面的に禁じたわけではないにせよ、おおむね消極的な姿勢だった。ラッセルはオルコックの決断がこの指針に抵触すると判断し、武力の行使を禁じ、さらにオルコック自身を召還する訓令を発したわけである。

ラッセルのこうした判断には、オルコックの帰任によって任務を終えた代理公使ニールの最終報告が影響を与えたといわれている。そこでは、政情の不安はあるにしても、「貿易は着実に繁栄を続けて」おり、

使節団がヨーロッパに派遣されているあいだは、幕府あるいは大名の誰からも、攻撃的ないしはひどい敵対的行動が起こされることはないだろう。

という見通しを伝えていた。「敵対的行動が起こされることはない」以上、「武力行使はさしひかえる」べきだということになって、ニールの報告とラッセルの判断とに因果関係が存在する蓋然性は、決して低くない。ラッセルが召還したオルコックの後任に、ふたたびニールを派遣しようとしたことからも、その間の事情がうかがわれよう。

こうしたニールの姿勢は、日本に居留するイギリス人には評判がよくなかった。日本・「攘夷」勢力に対し、宥和的、退嬰的、楽観的に失する、というにある。オルコックの下関攻撃が奏効してからは、ますますそうした評価が固まった。当時のイギリス駐日公使館では、ニールが誤った認識を本国に与えた、と信じられていたのである。もちろんオルコック自身も、ニールの方針・報告には同意できず、のちに手厳しい論駁を加えた。

オルコックは二年近い本国での休暇を経て、それなりに心機一転していた。帰国中の一八六二年六月、バス勲章を受けて Sir の称号を許される。同じ年に著書『大君の都』を書き上げて、翌年に刊行した。またその一八六三年には、オックスフォード大学から法学博士号を授与されている。それればかりではない。私生活でも、前年の六月八日に再婚した。新婦は上海の英国教会司祭ラウダーの未亡人ルーシー（Lucy Lowder）。オルコックが領事として上海に駐在していた時期、オルコックと同じく、伴侶に先立たれていた。そのころからの友人で同い年の二人は、老後をともに暮らそうと決めたのである。その決意は終生かわらず、そろって長寿を全うした。

新妻をともなってもどった二年ぶりの公使館には、通訳生のサトウはじめ、若い顔ぶれも増えていた。かれらと準備遂行した下関攻撃が成功して、達成感を味わっていたところに舞い込んだ召還命令である。冷や水を浴びせられたようなもので、オルコックには心外きわまりなかった。本人もさることながら、公使館のスタフ、イギリス居留民の大多数にとっても、劣らず意外なことだったであろう。

しかしながら、いかに心外・意外であれ、命に背くわけにはいかぬ。気持ちも新たに来日して一年もたたないうちに、オルコック夫妻は日本を離れなくてはならなかった。離任を惜しむ声はあいつぎ、出発を延期するよう進言する関係者も少なくなかったけれども、それをふりきって、横浜をあとにする。一八六四年一二月二五日のことであった。

反駁

もとよりオルコックは、ラッセルの訓令に承服したわけではない。召還にはしたがう。けれども召還命令に含まれる「譴責《けんせき》」を、みすごすわけにはいかない。それに対し、かれは長大な弁明書を作成し、全面的な反論をこころみる。「くわしい事情が判明すれば、閣下の承認を得られるのではないかと考える」といって、たたみかけた。

自分の措置は敵に対する攻撃行動ではなく、脅威をうけ、また実際にイギリス貿易が中断させられているため、避けられなかった自衛行動であった。イギリス政府がアジアで紛糾に巻き込まれたり、戦闘にうったえたりしたくないことを知らなかったわけではない。しかし同時に、イギリスの政府も、議会も、国民も、自衛のための武力行使を完全に断念することとの代償として、貿易の破壊・イギリスの地位の喪失、そして対日関係の決裂を受け入れる用意があるとも思えなかった。

自分のとった行動は、貿易の抑圧と横浜からの外国人追放、それにつづく戦争を避けるために必要だったと述べ、その是非は「結果が自ら語っている」。それをひとつひとつ挙げて、ラッセルの召還・解任理由を論駁してゆくオルコックの筆は、次々に堅塁を抜く重戦車さながら、圧倒的な勢いであった。

日本に滞在したのは都合四年足らず。はじめはまったく未知の国で、意に染まぬ赴任であった。暗中模索のなか、ようやく日本の姿態をとらえ、自分なりに理解し、愛着も生まれ、情況の由来を把握し、行動を起こして改善のきざしがみえてきた矢先の離任である。着任のとき以上に、それは意に満たないことだったかもしれない。ともあれ、小さくは自身の出処進退、大きくは極東の外交・外交官の任務。そうしたことに対する本国の無知に、つくづく嫌気がさしたようである。

わたし自身にとっては、帰国命令をうけとるのに、これほど幸福な時期はちょっと考えられない。安全・団結、そして地位の強化、……貿易の回復を残していけるからである。

みるからに、皮肉を交えた筆致である。しかし「幸福」だというのは存外、本音かもしれない。もう若くはない。生命の危険にもさらされながら、緊張と心労の絶えない激務である。そこから解放された安堵と喜びがあったとしても、不思議ではない。そのなかで自分は、恥じない事績をあげてきた。それには、誇りと自負がある。

上海時代と同様に、建設したもの、道筋をつけたもの、その果実を自分で味わうことは、やはり日本でもできなかった。それには悔いが残ったかもしれない。しかしどうやらかれは、そういう巡り合わせのパイオニア的な人物だったし、その自覚もあったようである。そこで自分の嘗めた挫折をくりかえしてはならない。それは先駆者だけでたくさんである。後任者のためにも、将来のイギリス極東外交のためにも、かれはさらに進言する。

だれがわたしの任務を引き継ぐにせよ、重要な条約上の権利を守るにあたり、しかも躊躇や逡巡が明らかに致命的になるような場合、断乎たる決意をもって発言できるように、大幅な裁量権を与えなくてはならない。いかなる政府も全知全能であるわけはなく、しかも地球の裏側にあっては、たえず新しい事態を予測し、正確な訓令を送って、それに対する完全な備えをすることなど、できるわけはないからである。

切実な自己正当化である。だが読みようによっては、これほど痛烈な本国批判もあるまい。

評価

オルコックはラッセルにあてた長大な弁明書のしめくくりとして、

日本と結んだ条約は、すべて日本に強制したものである。日本人の性格・制度、そして政府の上に巨大な変化が生じないうちに、そのように強要して成立した条約を守ることが、武力行使という手段を断念する宗教的な禁欲で可能になるとは、考えるだに愚かであろう。……すべての穏健な試みが失敗した時むき出しになる力、そういう武力という堅固な基礎をもたないこの地域の外交は、まちがった前提に立っているのであり、失敗は必至なのである。

と断じた。すでに述べたとおり、オルコックに対し、帝国主義の代弁者というイメージが強いのも、たとえばこうした発言が論拠をなしている。パーマストン流強硬外交の体現者・自由貿易帝国主義者・力の信奉者など。いろんな言い方があって、いずれもたしかに正しい側面を有する。行動にしても、砲艦外交はもとより、砲艦政策すら、いとわなかった。中国時代の青浦事件・日本時代の下関攻撃は、その典型例だというわけである。

しかしその武力行使は、やみくもなものではない。下関攻撃の場合でいえば、イギリス本国、いな関係者すべての憂慮は、武力行使そのものよりも、それが日本との全面戦争を導き、泥沼化する事態に陥ることにあった。その全面戦争に対する憂慮は、当のオルコックも共有していたところである。ただかれがちがったのは、武力を行使するよりも、しないほうが、むしろその危険が高まる、というにあった。

もちろんオルコックは、戦線の拡大という事態も予想し、そのためのプランも立てている。それをしないのは、かえって無責任であろう。しかし戦線拡大が本意、目的であったとは思えない。あくまで「一撃」で効果がある、という見通しがあったし、またそこには、かれなりの周到な洞察が裏づけとしてあった。

ラッセルに対する弁明のなかで、オルコックは下関攻撃によって、幕府を「絶望的な状態から救出する」という。その幕府の位置づけは、「有効にかつ法的な権利として条約規定の履行を求めることのできる相手」であり、「条約をつくる権力体」にほかならない。朝廷・雄藩などの「攘夷」勢力に対し、外国側が支持を求めうるのも、やはり幕府しかなかった。これが「ロンドン覚書」にいたるまでに、かれが体得した対外関係に関わる日本の政治構造である。日本の政策が「鎖港」という「攘夷」で一本化する、という症状を示しつつあったときも、こうした複合的な構造を忘れず、診断を下し、病原の所在を把握した。下関攻撃はいわば、そのうえで決断、執刀したオペである。幸いそれは、誤診ではなかった。

正しい診断にもとづくオペ成功の後は、回復に向かう処方を出せばよい。幕府の譲歩・条約の改訂・「大名の一大会議」は、「攘夷」の症状を再発しないよう、外国との円滑な関係を築けるよう、かれが示した処方である。その処方はかれの解任・召還によって、実行できなくなった。けれどもオルコックの後を継いだ代理公使のウィンチェスター・後任公使のパークスは、オルコックの診断を共有認識として、幕末の日本に対してゆくのである。

栄転

もちろん武力行使にふみきった以上、不測のことから全面戦争になる可能性はあった。それが高い、とみたからこそ、ラッセルもオルコックの召還にふみきったのである。しかし政治はやはり結果責任。事実の展開で裏づけられている以上、オルコックの弁明書の言い分に、ラッセルは抗すべき手段がなかった。それを読んだラッセル外相は、一八六五年一月末、以下のような訓令を発する。

貴下に送った帰国命令を、現在の地位からの解任を意味するものと読んではならない。貴下が日本の現状の説明を終えたら、ただちに横浜へもどり、確かな能力と長い経験を生かし、日本であらためて、その任務を立派に果たしてくれることを希望する。

しかしそれは、すでにオルコックが日本を離れた後だった。「地球の裏側」との意思疎通はやはり難しい。下関攻撃から召還にいたるまで、本国と出先のやりとりは、ことごとく行き違いとなった。それがオルコックと日本との間をも、引き裂いてしまったのである。自ら予想していたように、日本の土をかれが踏むことは、二度となかった。

まもなくオルコックはイギリスに帰国した。遅くとも一八六五年三月の下旬には、ラッセルと会ったはずである。もちろんラッセルはさきの訓令どおり、駐日公使への帰任を強く要請したであろう。オルコックはやはり、それを固辞した。解任された、少なくともかれ本人、あるいは日本の関係者がそう受けとめた、といういきさつがある以上、そのかれが再び日本に赴任するのは、自身にとってもイギリスにとっても、あまり体裁のよいことではあるまい。またそれ以上に、かれは疲れていたのであろう。文字どおり、労多くして功少なし。そんな極東の勤務はもうたくさんだと思ったとしても、不思議ではない。

しかしイギリス外務省としては、このままオルコックを引退させるわけにはいかない。オルコックの行動を功績だと認めた以上は、それに報いる必要がある。さもなくば、外務省は誤りの上塗りをした、と内外に受けとられかねない。そこでラッセルが用意したのは、北京駐在の公使である。

　同じく極東の常駐公使であるけれども、当時は格が違う。中国は日本よりもはるかに経済力があり、貿易量も多く、居留民も多い。当然イギリスの利害関心も高かった。オルコックは確かに叩き上げの領事から公使になり、「領事部門」から「外交部門」に転じて、「シンデレラ・ストーリー」を実現した。しかしそれは、未知の国・はじめて国交を開いた日本なればこそ、ありえたイレギュラーだったともいえる。かれが領事としてキャリアをはじめた中国、日本よりずっと関係が深い中国、その常駐公使になったとすれば、それは真正の「シンデレラ」であろう。

　極東で二十年近い実績をもつかれなら、事情も精通しているし、能力の上でも申し分ない。ラッセルがオルコックに報い、外務省の体面を保つには、このポストを提示するしかなかったのである。

　オルコックのほうも、もはやこれを拒むことはしなかった。極東の勤務は厭わしく感じたとしても、極東そのものに嫌悪感を持っていたわけではない。今度こそまぎれもない昇進・栄転である。給料も六千ポンド、一・五倍にあがった。

　やや諦観の中もどってきたロンドンに、ゆっくり落ち着く暇はなかった。数ヵ月ののち、新たな使命と抱負を胸にいだいて、かれは四たびロンドンから極東へ向かう船客となる。

2 「協力政策」

戦争のあとに

オルコックが中国に不在だったのは、六年に近い。中国も当然、その間に大きく様がわりしている。オルコックが広州領事から日本駐在に転じたとき、まだアロー戦争はおわっていなかった。いな、戦闘が北京方面で再発したというべきだろうか。ともかく最終的な和平が確立し、新たな関係ができる以前に、かれは中国を離れていた。したがって、もどってくるまでのその変化を、ひととおり見ておく必要がある。

オルコックが香港から日本に向かったのが一八五九年五月。同じ年の六月、イギリスは前年に清朝と結んだ天津条約の批准交換をこころみたけれども、その手続をめぐり関係は決裂、武力衝突となった。いったん退いた英仏は、その報復として、一八六〇年ふたたび連合軍を組織、天津から上陸して北京に進攻した。清朝朝廷は北京から熱河《ねっか》に逃れ、残留した皇弟恭親王奕訢《きょうしんのうえききん》たちが英仏当局と難渋な交渉にとりくんだ。その結果、結ばれたのが北京協定で、さきの天津条約を確認すると同時に、賠償金の額をふやし、さらに列強に有利な条件が付せられている。

そもそもアロー戦争、あるいはその条約交渉がここまでこじれたのは、列強・イギリスが清朝に難題をもちかけたからである。外国公使の北京常駐であった。これに対し、当時、多数をしめていた攘夷論者から猛烈な反撥が出て、武力に勝る英仏と容易に妥協ができず、対外方針が一定しなかった。けっきょく清朝は、全面的に和するとも戦うとも決しないままに、首都への連合軍侵入を許してしまったのである。

当時の北京朝廷では、隠微な党争がくりひろげられ、それが対外政策方針をも左右していた。優勢な党派は咸豊帝《かんぽうてい》を擁して実権を握り、優勢な攘夷論に迎合しつつ、恭親王ら反対派を外国の矢面に立たせる。列強の圧倒的な武力を目のあたりにした恭親王たちは、必然的に和平に傾き、党派対立を深めた。

そんな綱引きがいっそう事態の収拾を遅らせ、破局をもたらした。恭親王ら和平派の行動がそれなりに認められるのは、英仏連合軍の北京侵入のあとである。困難な交渉をどうにかま

恭親王
(J.Thomson, *Illustrations of China and Its People*, vol.1, London, 1873
(財)東洋文庫所蔵)

とめたからであり、そうした清朝側の変化を端的に示すのが、一八六一年一月、恭親王を首班とする総理衙門《そうりがもん》の設立だった。総理衙門は条約に定める外国公使の北京常駐にそなえ、かれらに応対すべき官庁として設けられたもので、近代国家でいえば、外務省にあたる。事実、西洋の側はこれを foreign office と呼んだ。

それからまもない同年八月、咸豊帝が熱河で崩御した。後嗣は幼少の皇子しかいない。ひきつづき実権を握った元主戦派は、幼帝を擁して北京に帰還し、その権勢を固めようともくろんだ。しかし幼帝の母親・西太后は、かれらの動きにあきたらず、逆に北京に残留していた恭親王と結んで、クーデタを決行する。一一月、先帝の柩が北京にもどった直後、元主戦派の主だった人々は、身柄を拘束され死に追いやられた。西太后が皇帝の代理となり、その下で恭親王ら元和平派が実権を握って、ようやく政局は安定する。

列強の側はこの動きを歓迎した。当時はなお太平天国など、内乱が終息していない情況だったが、イギリスは清朝支持を明確に打ち出し、総理衙門を窓口として恭親王政権と交渉する姿勢をとる。これで外国との関係も安定に向かい、一八六二年、新しい年号・「同治」と改まるまでに、清朝の中央政府は対内的にも対外的にも、新たな体制をととのえた。

北京での外交

　オルコックは中国勤務こそ長いけれど、北京ははじめてである。そもそも一八六〇年まで、華北に開港場もなければ、首都に入ることもできなかったのだから、それはオルコックだけの話ではない。イギリスとしても、宮廷・中央政府のある北京に外交官を置くのは、自らが要求したこととはいえ、はじめての経験であって、以後の清朝との関係をいかに構築してゆくかは大きな問題であった。

　イギリスが清朝に外国公使の北京常駐を求めたのは、清朝の統治構造を中央集権的だとみたからである。つまり条約を清朝に遵守させ、開港場の情況を自らに有利に導くには、地方当局と直接に折衝するよりも、首都に出先を置いて、中央政府から現地当局に圧力をかけるようにしたほうが、効果的だと判断したのである。地方かぎりの交渉では埒があかないことは、何度もくりかえし経験してきたことであった。

　イギリスが初代の北京常駐公使に任命したのは、ブルース（Sir Frederick William Adolphus Bruce）という人物である。かれは一八五八年に天津条約・一八六〇年に北京協定を結んだイギリス全権エルギンの実弟で、その書記官として随行し、中国を訪れた。もともとかれは一八五九年、天津条約の批准書を交換するため北京に入り、そのまま公使として駐在するはずだった。ところが、批准交換が失敗し、連合軍が北京に進軍したため、上海に駐

ブルース
（A.Michie, *The Englishman in China*）

在を余儀なくされたのである。あらためて一八六一年三月、北京に公使館を開設し、中央政府を主たる交渉相手とする、イギリスの新しい対清政策をすすめた。そうはいっても、高圧的に外圧をかけたわけではない。むしろ武力による威嚇は手控えた。

イギリス政府からみて、エルギンが天津条約を結ぶ段階から、四億以上の人口を抱える中国市場の無限の可能性は、すでに神話となりつつあった。さきに触れたように、その限界を指摘したミッチェル報告書の影響で、イギリス本国の政策は、多くのエネルギーや金銭をつぎこむに値しない、中国はインドのように植民地化するにふさわしくない、とみなす消極的なものに転換してくる。執筆当時は注目されず、香港政庁に埋もれていたそのミッチェル報告書を発掘したのが、エルギンである。

中国に居留する外国商人たちは依然として、貿易の伸び悩みに不満で、市場の開放を声高に叫んでいた。中国に来たエルギンは、そんな商人たちに釈然としないものを感じたが、その感覚にこたえたのがミッチェル報告書だったのであろう。これを読んだエルギンは、条約の規定や清朝の法から逸脱してでも、利益を上げようとする商人たちを統制せねばならぬ、と考えた。そのあたり、領事時代のオルコックの構想・措置と平仄《ひょうそく》が合っている。

そうした姿勢は本国政府も、弟のブルースも共有するところだった。かれはいわば、実兄の構想を実行する立場に立ったわけである。ブルースは同じ地位にある他国の常駐公使と協調するかたわら、外国側の要求を一方的につきつけ、強要するのではなく、清朝の渉外当局とも一定の協調関係を保ち、その要望にも耳を傾ける、という姿勢になった。

具体的にいえば、恭親王を中心とする総理衙門の勢力を支持し、これを強化することで、安定と秩序を保ちつつ、貿易を漸進的に拡大しようとしたのである。以上を総称して「協力政策」という。

清朝側の態度もこれにこたえたものだった。首都であり、知識人・官僚が蝟集する北京では、保守的攘夷的な風潮が強く、それは以前と変わらない。したがって総理衙門の勢力はむしろ脆弱であり、その存在意義は対外的な脅威・外圧の存在に、むしろ依存している側面があった。対外案件をこなせば、それだけ有用性を証明できる、というわけである。

そこで恭親王は、外国側の協調的な姿勢に応じて、譲るべきところは譲りながら、なるべく清朝の利害を守ろうとした。そのためには、西洋のルールにも通じておく必要がある。一八六二年に通訳官養成のための語学学校として同文館を開いたり、一八六四年には国際法の著述を漢訳して『万国公法』を刊行したことなどは、清朝側のそうした協調姿勢のあらわれだと受けとめられた。「協力政策」は順調にすべりだしたのである。

着任とその環境

わがオルコックは、駐米公使に転じたブルースの後任として、一八六五年の末に着任した。その前後にわたって、上のような「協力政策」はいっそう軌道に乗ってくる。

一八六四年、長らく清朝を苦しめてきた太平天国は滅亡し、一八六八年には、より北京に近い華北で猖獗していた捻軍も平定された。雲南・陝西《せんせい》などの辺境では、なお大きな騒擾《そうじょう》があったものの、中国の中心部は平和を回復し、一息つくことができた。

この内乱平定の過程で、西洋の軍事技術の導入を中心とする改革の動きもすすんだ。とりわけ実際に鎮圧にあたった地方大官が、各地に兵器工場を設けている。たとえば一八六五年、上海に兵器製造の江南製造総局が、翌年、福州に造船所の福建船政局が設けられた。また一八六七年には、守旧派の反対を押し切って、天文学と数学を教える部門を同文館に加えている。いずれも外国人が雇用されており、外国との関係の好転を示すものだった。

そうした動きのおそらく頂点をなすのが、一八六八年、欧米に派遣されたバーリンゲーム使節団であろう。バーリンゲーム（Anson Burlingame）は一八六一年に着任した北京駐在のアメリカ公使で、ブルース・オルコックの同僚だった。一八六七年に公使を退いて帰国するのを機に、かれを団長として中国史上初の外交使節団を編成し、西洋列強に中国の立場を説明してまわることにしたのである。

一行は一八六八年二月一五日に上海を出発、アメリカ・イギリス・デンマーク・ノルウェー・オランダ・プロイセン・ロシア・ベルギー・イタリアを歴訪し、開通したばかりのスエズ運河を通って、一八七〇年一〇月に帰国した。バーリンゲーム本人はこの使節行中、ロシアのペテルブルグで客死したけれども、二つの成果を残している。ひとつはアメリカと追加条約を結んだこと、いまひとつはイギリス外務省に、清朝が条約を守るなら、中央政府を相手に交渉して不当な外圧は加えない、という「協力政策」の趣旨を公式に声明させたことである。いずれも同じ時期、オルコックが中国でやろうとしていた仕事と関わってくる。

このように、オルコックが北京に腰を落ちつけ、執務をはじめたころ、清朝と西洋の関係はかつてない良好な情況にあった。中国での領事・日本での公使、いずれも逆境といえるところからのスタートだったのに比べると、もっとも恵まれた環境にあった、といって過言ではない。しかもそれをさらに好転させうる条件が、かれの身近にもあった。

そのひとつはウェード（Thomas Francis Wade）の存在である。かれはオルコックよりおよそ十歳の年少、ケンブリッジ大学卒業後、陸軍に入ってアヘン戦争に従軍、戦争後は退役して香港で通訳官となった。以後も中国語の研究をつづけ、中国語のローマ字表記法・ウェード式にその名前が残っている。オルコックが上海駐在領事の時期には、副領事をつとめ、税関に外国人を入れる制度をはじめた時も、その税務司に任命された。だからオルコックとは、お

ウェード

よそ十年ぶりの再会である。

そのウェードはこの時期、北京公使館で漢文秘書官（Chinese Secretary）に任じ、公使の補佐にあたっており、ブルースの離任後はオルコックが赴任するまで、臨時代理公使として公使館をあずかっていた。中国語に堪能で、なおかつ前任者の政策方針をよく知る、ということで、オルコックにとっても、心強い部下だったであろう。

いまひとつの条件は、オルコックの蒔いた種が成長したものだった。ウェードも勤務経験をもつ洋関である。オルコックが上海ではじめた外国人税務司制度は、天津条約で中国の全開港場で施行されることに決まった。発案者のオルコック自身が領事在任中に広州の税関にもその制度を導入したことは、すでに述べたとおりである。それ以後、この制度はいっそう組織化され、総理衙門に直属する一人の総税務司が、各開港場の税関を管理する

外国人官吏を統轄するようになった。

一八六三年からこの総税務司に就任していたのが、ハートである。ハートは広州の税関で外国人税務司制度が発足したとき、副税務司に任じた人物であり、もともとオルコックの部下の通訳官だった。ようやく三十代に手の届いたばかりの青年ながら、総理衙門の大臣たちの評価も高く、オルコックが赴任した一八六五年から、駐在地を首都の北京に改めている。つまり旧知のオルコックは、随時ハートと接触できたわけであり、貿易にとどまらない開港場の事情、清朝側の態度などを知る上で、大いに有用だったにちがいない。実際このハートとの関係が、オルコックの事業に大きな意味をもってくる。

3　オルコック協定

天津条約の改訂

したがってオルコックが北京在任中、日常的な執務に困難を感じたことは少ない。それだけにかれは、いっそう大きな課題に向かって邁進することができた。その課題とは、天津条約の改訂である。一八五八年締結の中英天津条約はその第二七条に、税率表と通商関係の条項を改訂するための交渉を、十年後に行うことができる、と定めている。つまり一八六八年に条約改訂交渉が可能なのであって、オルコックの赴任以来、イギリス側も清朝側も、それを十分に意識した動きをはじめた。

まずハートである。かれはオルコックが北京に来る一ヵ月ほど前の一八六五年一一月、「局外旁観論」という意見書を上司の総理衙門に提出した。これは西洋と清朝の仲立ちをする税関の責任者という立場から、西洋化による清朝の庶政刷新を提言したものである。対外関係では、何よりも条約を遵守して、戦争を未然に防ぎ、平和を保つ間に、富国強兵を実現するよう論じている。

オルコックが着任してしばらくたった一八六六年三月、部下のウェードが漢文の意見書「外国新議略論」を提出した。オルコックはただちに、これを総理衙門に送付する。意見書の起草そのものが、オルコックの肝煎りだった。表現や力点の置き方に違いがあっても、「局外旁観論」と同じ内容を、イギリス公使館の立場から勧告したものだといってよい。

いずれも自他ともに認める当代きっての中国通英国人。その申し入れであるだけに、清朝政府も無視を決め込むことはできない。総理衙門はそこで、むしろ積極的にこの意見書を公開して、日常的に開港場で外国人と接する地方当局の意見を徴することにした。対外政策の決定過程において、公使に応対する北京と開港場を管轄する地方とが責任を共有しようとねらったわけである。

そこで一致したのは、条約を守る、という一点である。これはハートもウェードも口をそろえて論じたことにほかならない。条約に規定のあることは、ただちに実行すべきだが、実施に障碍のあるものは、外国人にくりかえし事情を説いて、その要求を絶つべきだというのである。そうなると、条約規定とその実施との間に齟齬・矛盾があれば、修正調整しなくてはならない。

そこで条約改訂を積極的にすすめる動機が、清朝側に生まれてくる。かれらはハートとウェードの意見書そのものが、条約改訂に乗じて、少なからぬ要求をもちかける布石だと猜疑していた。総理衙門はそうした事態にそなえて、一八六七年から地方当局に条約改正の意見をもとめると同時に、内部でも現行条約の問題点を検討し、着々と改訂交渉の準備作業にとりくんだのである。

オルコックの交渉

同じ時期、イギリス側でも公使のオルコックが、精力的に動きはじめる。かれは一八六七年の春から、開港場めぐりをはじめ、年末までかけて各地のイギリス商人と話し合い、また意見書の提出をもとめて、改訂交渉に向けての準備をすすめた。

アロー戦争でかちえた天津条約に、イギリス商人が不平不満をつのらせていた、というわけではない。おおむね現状に満足していた。しかし改善すべき点を問われると、黙ってはいなかった。かねてより商人たちが望んでいたのは、領事裁判権で守られた内地居住権、貿易商品に対する一切の内地課税の廃止、鉄道・電信の敷設、汽船の内河航行、鉱山開発権、外国商人が民事上の救済を得られるための国際法廷の設立と民法典・商法典の編纂公布などである。ひとことでいえば、開港場・沿海だけにとどまらず、中国の内地にアクセスする、それを容易にする条件と特権を求めていたわけで、条約改訂の機会に、以上を要求すべし、とオルコックに説いた。

もっともこのときのオルコックは、御用聞きではない。かれは確かに、自ら開港場をまわって、商人たちに言いたいことをいわせた。しかしそれは、かれらの言い分をくみとるのが目的ではない。傾聴に値する意見なら、聴き入れもしただろう。どうやらそんな意見はなかったようで、結果としてかれは、商人の主張要求をほとんど論駁、却下した。

すなわち、一八六八年一月から総理衙門と交渉をはじめたオルコックは、内地課税の徴収方法の調整に交渉の力点を置き、あとは税率引き下げや内河の外国人所有船の航行、長江での立寄港の開設、開港場の保税倉庫設置、商法典の起草などを要求するにとどめたのである。これらはすべて合意をみて、正式の条文になった。

　ついでオルコックは、列国公使に対する牽制から、内地居住、汽船の内河航行、炭鉱開発の要求を追加し、これを内地での家屋・倉庫の賃借、鄱陽湖《はようこ》での汽船曳船の使用、開港場近辺での炭鉱の試掘という内容にしぼって、執拗に求めつづけた。清朝側が頑強に拒みつづけたからである。が、けっきょく内地の建物賃借以外は、認められることになった。

　こうして改訂条約全十六ヵ条が、一八六九年一〇月二三日に調印された。これを俗にオルコック協定とよぶ。かれの名前を冠しても奇異に感じないほど、その構想がゆきわたった内容の条約だった。調印をしたのはオルコックと総理衙門大臣であるが、交渉の細かな作業の大部分は、イギリス公使館員二名・総理衙門の秘書官二名、および総税務司ハートからなる委員会が行っている。交渉の難関は、総理衙門大臣で当時の宰相でもあった文祥《ぶんしょう》とハートとの二人だけの話し合いで解決された。ハートの存在が実務上いかに大きかったか、よくわかる。

　交渉に二年近くの時間をかけただけあって、双方が納得して結んだ条約である。そこで上の

2
文祥
（J.Thomson, *Illustrations of China and Its People.* vol.4, （財）東洋文庫所蔵）

イギリス側の要求以外にも、注目すべき条項がある。

第一に、冒頭に掲げる有条件的最恵国条款。第二にイギリスの属地に清朝が領事を置くのを認めたこと。第三にアヘンの輸入税と生糸の輸出税を引き上げること。以上は清朝側の要求で挿入されたものだった。

なかんずく注目に値するのは、有条件的最恵国条款である。最恵国条款が西洋に有利な不平等条約として機能するには、無条件の自動的な均沾《きんてん》でなくてはならない。したがって当時の感覚からしても、あるいは後世の評価からみても、これはきわめて重大な提案だった。それをオルコックはあえて容認したのである。かれはむしろ、それを大きな譲歩とはみていなかった。アヘンの全面禁止、宣教師の内地居住禁止、治外法権の撤廃という清朝の政府全体の主要目標が、このたび交渉の条件にならなかったことを幸運だとしなければならない、と述べているからである。

ともあれ、一八六九年という明治もはじまって間もないころ、いわゆる不平等な条約があたりまえだった東アジアで、その不平等性を減殺した条約が、オルコックの手によって出現した。見のがしえない歴史事実だといわねばならない。

条約観

オルコックが商人たちの意見を聴取しながら、どれひとつとしてとりあげなかったのは、その実現は中国に大変革が起こらなくては不可能であり、強いて要求を貫こうとすれば、戦争になりかねない、とみたからである。かれは総理衙門が喜んで締結できるような、互恵的な内容をもった条約をつくるべきだと信じた。

その信念には、オルコック自身の長い極東での勤務経験という裏づけがある。かれは条約改訂を手がけるにあたって、その条約とはいったい何か、そこから問いをはじめた。

外国の利益や通商を増進させるには、圧力がなくてはならない。われわれがいかに包み隠そうとしても、その地位は一から十まで、何らかの意味において力、それもむき出しの物理的な強制力が作り出してきたものであり、その地位を改善維持するにも、何らかの形で力に頼らなくてはならない。

一八六八年末にスタンリー（Edward Henry Stanley, 15th Earl of Derby）外相に述べたこの発言は、あたかも四年前、日本で下関攻撃を正当化した議論を髣髴とさせる論理である。そうした強制力で結んだ条約は、いったいどんな結果をもたらしたか。

それはかれがすでに『大君の都』の序文で、相手は条約の字面は受け入れても、精神には抵抗する、と語ったとおりであり、さらに以下のような結論を導く。

条約をつくることは、じつはほんの最初の困難にすぎず、もっとも小さな困難であるにすぎない。成功の本当の試金石は、その条約を実際に運営することにある。明らかに優勢な武力が思いのままに使えるなら、東洋の君主にいかなる条約でも強要できるかもしれない。条項がいかにかれらの意に反し、細目がどんなに実行不可能であろうと問題ではない。

中国に領事、日本に総領事・公使として、合わせて二十年駐在し、所与の条約規定と「実際に運営すること」とのギャップに苦しみ抜いた経験をもつオルコックでなくては、いえないセリフである。換言すれば、かれが求めるのは、「実際に運営すること」を慮った条約の作成にほかならない。

ではそのギャップは、どこから生まれるのか。それは相手国の政治構造に対する西洋の側の無知、無理解である。相手のことを何も知らずに、自分を正しいと思い込むから、どんなに「実行不可能」なことでも、平気で要求し、とりきめてしまう。それがアヘン戦争当時から変わっていない西洋の性癖であり、オルコックは上海駐在領事・日本駐在公使をつとめて、中国と日本の内情を知るなかで、ようやくそれに思いいたった。

いったんとりきめたら、その条約は実施しなくてはならない。そこに無理が生じる。無理は紛糾と危機をもたらすだけだった。硬軟織り交ぜて、その危機を乗り切ってきたのが、オルコックのキャリアである。とりわけ上海での内乱時期、日本での「ロンドン覚書」から下関攻撃にいたる時期に、それが著しい。

中国観

したがって北京駐在公使に任じ、かれがまず注視したのは、当時の清朝中国の統治構造である。かれの見るところ、当時の中国は中央・地方を問わず、全官僚機構を腐敗と無能が貫いていた。「裁判でもよろず金次第、官吏に関わるあらゆる階層の人々が、強欲な苛《か》斂誅求《れんちゅうきゅう》に耽っている」から、「税金は商業に対し、商売ができないくらい高くなり、工業も抑圧されて困窮がひろが」り、それが反乱の温床になっている。

これを外国人に関わる局面で述べれば、「内地で輸出入商品に対して、条約の規定額をこえてほとんど無制限に課せられる税金」が、貿易に関わる重大な問題だった。ところがこの種の税金は、地方の税収の少なからざる部分をしめ、その徴収にともなう不正規収入は、俸給の乏しい大小の官僚を養う不可欠の財源となっている。

こうした情況では、イギリス商人の求めるような内地課税の全廃は、政治社会構造を根本的に変革しないかぎり、できるわけがない。それでも現状を改善するとすれば、清朝側も受け入れられる内地課税の改革を提示するしかない。そこでオルコック協定では、開港場のある省では内地課税を制限し、他省では自由に賦課できる、という規定を設けて、地方当局と外国商人との間の利害調整をはかったのである。

いまひとつ重要なのは、中国では「同一の官吏が裁判官であり、検察官であり、税金査定官であり、徴税官でもある」ことから、清朝の司法行政がまったく信頼できないことである。外国人からみれば、これで弊害が起こらないわけはない。実際、外国商人は華人債務者から借金を取りたてることも、買辦の不正行為も止めることができなかった。まず必要なのは、取引契約紛争を公正に処理すべき基準であり、オルコック協定ではそのために、清朝・イギリス両者の協議を通じて商法を起草する、という規定がもりこまれたのである。

以上の内地課税にしても、裁判司法の問題にしても、中国の政治社会構造に根深く関わっていた。イギリス商人の出した要求は、たとえ正当であっても、その施行貫徹には、構造的な大変革が不可欠である。条約はあくまで外国との約束事であって、過信はできない。

われわれは中華帝国と華人を、その国制・政体もろとも、条約の規定で作り変えることはできない。言語を変えられないのと同じように、ヨーロッパ型に同化することがいかに便宜で、望ましいことだとしても、われわれはアジア人の性格や慣習を、一朝にして変えることはできない。

そんな大変革を自らなしとげる実力も意思も、当の清朝政府にはない。外国が力ずくで強要すれば、清朝政権は崩壊し、中国が分裂するおそれがある。それを避けるには、外国がこの巨大な国を保護し、植民地化して、自ら改革の責任をとるしかない。しかしそれはすでに、イギリスのいさぎよしとしないところである。

それなら、干渉を手控え、変革を強いない選択肢しかない。

総じて交渉を行うものが相手としなければならぬのは、あるがままの事実、現実にいま存在する状態であって、何時かこうなるかもしれない、という将来の状態ではない。

オルコックは「列強の真の政策は、待つことだ」という。中国は静止しているわけではなく、徐々に動いている。外から圧力をかけないほうが、その進み方は速いにちがいない。

このような認識と信念によって、オルコック協定はできあがった。それはオルコック自身にとっては、極東での外交官生活の総括というべきものだったし、イギリスとしては、清朝に対し追求してきた「協力政策」の仕上げとなるべき位置を占めていたといえよう。

4　挫折

離任と不安

一八六九年一〇月二三日、オルコック協定に調印すると、オルコックはウェードに後事を託して、賜暇帰国の途についた。なすべきことはやりきった、という感慨だったのであろう。そのまま帰任することなく、一八七一年に退官した。六年前、日本から召還されたとき覚悟したことが、ようやく実現したことになる。その間にまた、大きな仕事をやってのけたオルコックは、今度こそ満足できたであろうか。

北京を離れるにあたって、かれに不安がなかったわけではない。かれは幕末の日本で、圧倒的な攘夷勢力のなかから、幕府の開明派にひとすじの光明を見いだし、それに賭けた。

「ロンドン覚書」と下関攻撃である。日本の政情は劇的に転換したけれども、結果はオルコックが考えたような幕府の復権とはならなかった。王政復古・明治維新はおそらく、北京在任中にかれの知るところとなったであろう。

オルコック協定をつくるにおいても、じつは同様の診断をしている。恭親王をはじめとする、総理衙門にたてこもっている清朝北京政府の開明派に、かれは期待をかけた。

この国のなかで最もすぐれた、最も進歩的な人々の党派である。なにがしかの進歩や改善を期待するなら、かれらをあてにするほかない。……条約違反は外国の干渉と不可分であり、清朝の保全と独立を脅かす危険きわまりない事態をもたらすものであることを、かれらは学び知った。

オルコックはしかしそれと同時に、中国の「進歩」を阻む勢力の大きさを、正確にはかっている。それが「読書人・紳士（literati and gentry）」であった。地元の有力者で、科挙の合格者・受験者、あるいは引退官僚と説明しているから、正しく漢語でいう読書人・紳士に相当する。かれらは「みな、変化に敵意を抱いている」というオルコックは、「われわれの最も活動的な敵対者」とみていた。

条約の実施に反対するのはかれらであり、民衆が外国人に敵対するのも、かれらの指嗾による。「読書人・紳士」が一致団結すれば厖大な勢力であって、北京政府は無力に近い。その勢力は日本と同じく、「一撃」で破砕できるのか、といえば、それは無理だった。オルコックは日本の攘夷勢力が、民衆から遊離していることを見抜いていた。武力を行使しても、全面戦争にならないと踏んだのも、そこに大きな理由がある。それに比べ、中国の「読書人・紳士」は、打倒することも強制することもできない。かれらは民衆を掌握し、下層階級の無知と偏見にうったえ、「愛国」にかこつけてデマゴーグの役割を演じるからであった。しかもその社会は、日本と比較にならないほど巨大である。

要するに、いかに微弱とはいえども、オルコックは総理衙門とその勢力を支持するしかなかったのである。かれらをもりたて、実行可能な条約をつくり、清朝に条約を守らせることが、政府の方針・商人の利益・清朝との関係、すべてにとって最善の方策だった。しかしそれが内外に理解されることは、ついになかったようである。

揚州教案

この「読書人・紳士」が最も活動的だったのが、教案である。教案とはキリスト教徒、あるいは教会に対する襲撃・迫害事件のことをいう。

清朝はすでに南京条約締結後、外国人宣教師が開港場で布教することを黙認しており、天津条約では正式に、キリスト教の内地布教・華人の信教の自由を認めた。そこで一八六〇年代には宣教師があいついで内地に入るようになる。

これにともない、華人側の反感も高まってきた。キリスト教に最も反感をいだいたのが、各地の「読書人・紳士」である。地元の有力者で、在地の民衆を掌握し、儒教イデオロギーを信奉するかれらは、男女平等などキリスト教の考え方を嫌ったほか、改宗した華人教徒がクリスチャン・コミュニティに帰属し、自分たちから離れてしまうことに反撥した。官僚も華人教徒が外国人の条約特権を恃んで、政府権力に服しないことに大きな不満を覚えた。逆に「紳士」や官僚に不信感をもつ民衆の側からいえば、外国人の庇護下に入って、その横暴から身を守ることをもくろんでいたのである。

「読書人・紳士」に動かされて破壊行動を起こすのは、民衆である。キリスト教が自己の利害を脅かすと感じた人々は、故意にデマを流して、排外感情を煽り立てた。そうして起こる騒ぎに、地元の官憲はしばしば、手ぬるい態度しかとらない。

条約権利に関わる問題であったから、外国側も容易にみすごし、譲歩することはできなかったし、儒教・地域社会にふれる問題であった以上、「読書人・紳士」の側も矛を収めるわけにはいかなかった。だから双方の人々の意識が変わるまで、教案は決してやむことはなかったのである。

そのうち初期に起こったのが、揚州教案である。イギリス人宣教師テイラー（James Hudson Taylor）はのち中国最大のプロテスタント伝道団体となる中国内地会（China Inland Mission）を設立して、内地布教をすすめていた。かれらはその活動の一環として、揚州で教会を新設し、そこに居住をはじめる。それからまもない一八六八年八月二二日、一万人におよぶ暴徒が教会を襲撃し、騒ぎは二日間つづいた。テイラー自身は無事だったが、その間に建物は焼き払われ、負傷者も出たのである。

現地に急行した上海駐在領事メダースト（Walter Henry Medhurst）は、清朝の当局と交渉し、損害賠償を求めたが、埒があかない。そこで南京に駐在する両江総督・曾国藩《そうこくはん》に直接うったえ、軍艦四隻をともなって最後通牒をつきつけ、その要求のほとんどを通した。完全に双方で合意をみるのは、事件発生から九ヵ月後のことである。

とりわけ物議を醸したのは、その解決法である。メダーストの交渉は、いわゆる砲艦外交の典型にほかならない。「協力政策」を推進していたイギリスの方針からすれば、武力示威はそれに背反する行為だったし、とりわけ新たに発足したグラッドストーン内閣は、それを強く非難した。しかし上司のオルコック公使は、メダースト領事の行動を是とした。

テイラー宣教師と中国内地会の伝道活動は、中国内地に居住して、民衆のなかに入って布教を行っていたため、そもそも条約規定から逸脱する側面があった。それでも、清朝側が条約に違って、イギリス人の生命財産を危機にさらせば、それを坐視、看過するわけにはいかない。オルコックがいみじくも述べたように、宣教師はその身分や活動によって保護は受けなくとも、イギリス人である以上、保護されなくてはならないのである。

そして条約違反を正すには、武力を放棄するわけにはいかない。これは日本でも経験ずみで、オルコック自身、何度も表明していることである。しかしそれは、遵うべき本国の「協力政策」にも、オルコック協定の交渉姿勢にも合致するものではなかった。

それなら、イギリスの外交当局の立場としては、こうした紛糾騒擾が起こらないようにするほかない。オルコックが宣教師の活動にごく冷淡だったのは、自身の信仰いかんとは関わりなく、その中英通商関係に与える影響のためであった。そこには、「読書人・紳士」をあなどれない敵対勢力と見なす、かれの中国社会に対する洞察もはたらいている。宣教師の内地布教・内地居住。これこそ在地社会との摩擦をうみ、教案をもたらし、対中関係を悪化させる元凶である。そこでオルコックの主張にしたがい、イギリス政府は伝道団体に、宣教師を内地から開港場に撤退させるよう勧告した。

矛盾

オルコック・メダーストの砲艦外交は、現地外国人社会に歓迎された。実はこのあたりに、解きがたい矛盾がひそんでいる。外国人たちの支持は、清朝にもっと圧力を用いるべきだとの意向だった。オルコックがやむなく高圧的な態度に出たのとは、結果は同じでも、姿勢は逆である。それにイギリス公使オルコックの施策は、イギリス人にしか関わらない。だからイギリスの宣教抑制政策にもかかわらず、教案はこのあともたえず発生する。最も重大だったのは、揚州教案の二年後に起こった天津教案である。

今度の標的はフランス・カトリックだった。一八七〇年六月二一日、フランス領事館と隣り合う教会を群衆が襲撃し、天津駐在のフランス領事はじめ、多数の外国人および華人キリスト教徒が犠牲になる。条約で保護された布教活動の侵害であるのみならず、一般の外国人はおろか、外交官まで殺害された、ということで、揚州教案よりはるかに深刻な事件である。

列国の公使はそのため、共同して総理衙門に圧力をかけた。八月の中旬には、天津と山東半島の開港場・煙台とに仏・英・米・伊の軍艦、合計十五隻が集結する。対外戦争すら起こりかねない、そんな軍事的緊張が高まった。これで「協力政策」はふっとんでしまう。以後は外国側も清朝側も、従来の協調姿勢を共有することはもはやなくなり、対立する局面が多くなった。オルコックがすでに帰国していたのは、幸運だったのかもしれない。

揚州教案にしても天津教案にしても、外国側は要求を通した。しかし処罰されたのは、その地を治める地方官である。教案を起こした「読書人・紳士」の主謀者が、その咎で断罪を受けることはなかった。清朝の当局者がそれをするには、あまりにも無力だったからである。列強がいかに強硬姿勢に出ても、清朝の当局と交渉するかぎり、教案の温床は残存して根絶できない。だから教案はいつまでもやまなかった。そのたび強硬論をとなえる外国人たちは、そうした事情をいかほどわきまえていたであろうか。

一事が万事、同じことは、オルコック協定でも生じる。オルコックの苦心の結晶である協定の条文をみて、外国商人は強い不満をいだいた。これなら、一八五八年の天津条約のほうがまだよほどまし、譲歩のしすぎだというにある。かれらは本国の貿易関係業者・経済界を動かして、反対運動を執拗にくりひろげた。その最大の理由とされたのが、有条件的最恵国待遇条款の存在である。イギリス本国政府もこの点は、修正を要すると考えたけれども、そのほかはおおむね諒承していた。

しかしイギリス政府はついに、こうした圧力団体の強硬な反対に屈する。外務次官ハモンド（Edmund Hammond）が一八七〇年七月、下院でオルコック協定の批准を拒否せざるをえないと言明した。なお中国市場の神話は生きており、大多数の貿易関係業者は圧力をかけて有利な条件・権利を得れば、イギリスの貿易は繁栄する、と思いこんでいたのである。

清朝側はオルコック協定を締結後、ただちに批准した。にもかかわらず、イギリス側は長い時間をかけたあげく、一八七〇年一一月はじめ、批准拒否を通告してきたのである。これでは、「協力政策」における協調も、破綻せざるをえない。清朝の官僚と知識人のあいだで、イギリスの信用と総理衙門の威信は失墜した。まもなくイギリスは大不況にみまわれ、中国内地市場への進出もままならず、外国商人の不満はつのるばかりである。オルコックが心血を注いでつくった協定のあとに残ったのは、けっきょくイギリスと清朝、政府と商人の間の相互不信だけだった。

このような結末を、当のオルコック本人は予期していたであろうか。かれはロンドンで、外務次官の批准拒否声明をいちはやく知ったにちがいない。極東の外交官生活を総括する最後の事業が、失敗に帰したのである。その感慨はいかばかりだったたか、はかりしれない。かれ自身それについて、口にすることがついになかったからである。

社会活動に加え、執筆に没頭する（Imagestate: アフロ）

むすび

華やかな余生

社会活動

一八七一年、数えで六三歳のとき、オルコックは退官した。普通に考えれば、以後は余生・老後である。しかしかれはなお、足かけ二十七年生きる。二十七年といえば、かれが極東で外交官をつとめていた期間にほぼひとしい。その間、生存しただけではなく、相応の活躍もした。余生というには、長きに過ぎ、華やかに過ぎるようでもある。

もっとも、年老いたかれは、もはや外国に出ることはなかった。旅に明け暮れ、異郷で暮らしてきた青年・壮年の時期とは、対蹠的である。東アジアと直接に関わることもなかったから、その意味で、本人には甚だ不本意、失礼にあたるかもしれないけれど、本書はあえて「余生」と呼ばせてもらう。

その余生、オルコックを特徴づけるのは、まずイギリスでの社会活動である。それもおびただしく、数え上げれば五指では足らない。大きく二つに分けてみていこう。

第一は、医療関係である。かれは外交官に転身してからも、学生として在籍していたウェストミンスター病院・王立ウェストミンスター眼科病院と関係を保ったようで、帰国・退官の後は、両病院の理事となった。前者では副理事長に任じ、亡くなるまでつとめあげている。眼科病院のほうは十六年間、理事長に任じた。またソーホーの婦人科病院でも理事長をつとめており、そのほかいくつもの医療団体・慈善団体に関わっている。さらに一八七五年、工務省の衛生委員に選ばれ、公衆衛生法の施行に尽力し、また八九年には、感染症予防の法案成立にも寄与した。

このように、オルコックがもと外科医として力を注いだのは、医療施設の充実、公衆衛生の普及である。看護学校の設立は、その典型だった。かれは旧知のパジェットらと協力して、看護婦の養成に意を注ぎ、ヴィクトリア女王即位五十年記念事業の企画委員に選ばれたときも、その事業として、女王即位記念看護学校(The Queen Victoria Jubilee Institute for Nurses)の設立をおしすすめたのである。

第二には、海外との関わりである。かれは極東在任中から王立地理学協会に入会しており、退官後はその委員を二十年にわたってつとめ、一八七六年には会長に選出された。その関連で、アフリカ探検の支援活動もおこなっている。当時はスタンリー(Henry Morton Stanley)のコンゴ探検が大きな話題となっていて、かれは地理学協会の会長・幹部として、相応の行動と発言をせねばならなかった。また一八七八年開催のパリ万博のイギリス代表委員にも選ばれている。これは第4章で述べたとおり、ロンドン万博で日本の参加出品を組織した経験を買われたか、あるいはその美術工芸の才腕を認められたか、そうした理由によるものだろう。

特筆すべきは、北ボルネオ会社である。イギリスは一八七七年、ブルネイのスルタンからボルネオ北部の利権を入手していた。そこでこの未開の地を開発するため、一八八一年一一月、政府から特許状を得て、往年の東インド会社にみまがう特許会社ができあがった。貿易事業に従事するのみならず、土地所有や鉱山採掘、課税権にまでおよぶ広汎な権限を有し、保護領の北ボルネオの支配経営を引き受ける会社である。オルコックはそのロンドン取締役会の理事長に就任し、設立から十年間その地位にあった。もとより高齢のかれが、その実権を握り実務をこなしたわけではない。それまでのキャリアを買われた、多分に名目的な地位であろう。しかしこのような経営方式の会社には、批判も強かったため、かれには北ボルネオ会社に関わる著述もあって、いわばその宣伝活動もしている。

文筆活動――退官以前

以上だけでも、常人離れした多彩な活躍ぶりである。しかしそれに勝るとも劣らず、オルコックの余生を特徴づけるのが、旺盛な文筆活動である。かれは新聞に雑誌に、健筆をふるいつづけた。当時の『タイムズ』紙を繰るだけでも、オルコックの署名記事が、おびただしく出てくる。もちろん上に述べたように、リアルタイムで従事していた社会活動に関わるものも、そこには少なくない。しかしより数が多いのは、やはり極東の大物外交官だったキャリアを生かし、東アジアの問題について書いた文章である。こちらのほうが、われわれともつながりが深い。

もっともかれの著述活動は、退官の後からはじまったわけではない。すでに述べたとおり、一八五〇年代の半ば・領事在任中から文章を発表している。むしろそこでの業績を買われたために、退官してからも文筆業にたずさわることができたのかもしれない。

その初の本格的な作品は、一八五五年から五六年にかけ、*Bombay Quarterly Review* に匿名で連載した「中華帝国とその命運」「対外関係のなかの中華帝国」の二篇で、あわせて百ページをこえる大作である。太平天国期の清朝に対する時事評論といってよいものだが、上海領事時代に養った、中国を構造的にとらえる眼は、ここでもその片鱗をみせている。

次のまとまった作品は、日本赴任後、日本関係の著述である。こちらは単行本として刊行されたものが多い。まず日本語のテキストである。これははじめて日本に駐在した外交官として、日本語の知識の不可欠なことを痛感したオルコックが、将来の駐日外交官のためにつくった初心者向けの教科書だった。

もっともオルコックという人に、語学のセンスや才能はなかった。任地の中国語も日本語も、本人がいくばくか習得できたようには思われない。文法書と会話教本を出版したけれど、いずれも評判はかんばしくなかった。かれのもとで、日本語の通訳生としてキャリアをスタートさせ、日本語の習得にはげんでいたサトウなどは、まったく無視している。

代表作の『大君の都』（横浜開港資料館所蔵）

第二は、日本の観察記録である。オルコックははじめて富士山に登り、熱海の温泉に入った西洋人としても知られており、かれが有名なのは、むしろそちらのほうに理由があるのかもしれない。かれはそうした旅行の記録を王立地理学協会の機関誌に掲載しており、著名な日本滞在記『大君の都』の叙述にも、それは生かされている。合計千ページにもおよぶ大作『大君の都』については、つとに翻訳・研究もあるので、多くを語る必要はあるまい。オルコックと日本の関係がくわしくわかるのも、この著作あればこそである。

　いまひとつは、日本の美術工芸に関してである。これはむしろかれの趣味に属する領域かもしれない。日本の万博参加に関わったオルコックは、その出品を選定し、目録を作成している。その経験で得た知見は、『大君の都』にももりこまれているが、それで終わらなかった。かれは以後も研究をつづけ、一八七八年ついに三百ページ近い『日本の美術と工芸』という著作を上梓したのである。

文筆活動――退官以後

すでに多くの著述のあったオルコックは、退官してからいっそう文筆活動にいそしむようになった。いかに多忙といっても、外交官時代より時間に余裕ができたためであろう。ただし『日本の美術と工芸』を除いて、まとまった単著を刊行することはなかった。定期刊行物に掲載された、おびただしい論説を逐一とりあげるのは不可能だから、代表的なものをかいつまんで紹介することにしよう。

まず退官と時を合わせて、*Fraser's Magazine* に連載した「中国の政治家と公文書」という論文がある。これは北京駐在公使時代の観察にもとづく中国論で、中央政府の組織機構から地方分権、排外問題にまでおよぶ政治構造を考察しており、いまから読んでも、すこぶる示唆に富む。

いっそう対外関係に傾いたものとして出色なのは、*Fortnightly Review* に載せた「大モンゴルの遺産」という文章である。当時の世界情勢は、中央アジアを一大焦点としていた。ロシアが急速に征服をすすめる一方で、ヤークーブ・ベクの統率のもと、清朝から分離した東トルキスタンに、いよいよ清朝も遠征をしかけようとしたからである。この論文は一八七五年の作で、トルキスタンをめぐる清露の対立を主題に、その間でのイギリスの利害関係を叙述している。とりわけオルコックが注視したのは、ロシアの南下政策と清朝の自強の帰趨であり、極東の動静に注意するよう、イギリスの輿論によびかけたのである。

同じく清朝の対外関係でいえば、この十年後に大きな事件が起こった。清仏戦争である。オルコックもその勃発を機に、*Contemporary Review* に寄稿した。直接にイギリスに関わらない事件だとはいえ、ベトナム問題をめぐるフランスと中国の急速な関係悪化に際会し、通商に利害を有するイギリスの立場は、ぜひ説いておかねばならなかった。オルコックの所説で見るべきは、やはり中国側の事情に触れたところであって、読書人が主導する中国の人心が赴くところは排外であり、事態の推移に悲観している。これをオルコック協定交渉当時の観察と照らし合わせてみると興味深い。

オルコックの中国論として特徴的なトピックのひとつに、アヘン論がある。すでに第3章で触れたように、一八五〇年代、中国貿易を管理する立場から、かれはアヘンの密貿易を敵視した。以後もその姿勢に変化はなく、オルコック協定でもアヘンに対する増税を認めたばかりか、その交渉時には、アヘン貿易そのものの停止さえ提言している。

もっともかれは、アヘンが麻薬で、中国に害毒を流している、という道義的な理由だけで、アヘン貿易に反対したわけではない。むしろかれの議論は、中英関係全体の動きをみすえた、高度に政治的なものであった。したがって情況が変われば、意見もかわってくる。

一八七〇年代後半はイギリスで、非国教徒を中心にアヘン反対運動が高まりをみせた時期である。運動に従事した人々は、アヘン反対論者でもと極東の外交官のオルコックに期待をかけた。しかしオルコックは、かれらの道義的情緒的なアヘン反対論についていけなかったようである。一八八一年末「アヘンと良識」という文章を発表し、中国とのアヘン貿易禁絶、インドのケシ栽培禁止を叫ぶ運動に対し、事態の困難さを説いた。アヘン貿易の歴史、清朝のアヘン禁制史に触れ、インドアヘンの課税、中国なかんずく四川でのケシ栽培の広がり、それらと清朝の財政との関わりを述べ、現段階ではアヘン消費もその貿易も、根絶するのは不可能だと結論する。これはアヘン反対運動に大きな失望を与えたけれども、オルコックにいわせれば、反対運動のほうがあまりにも中国・極東を単純にとらえたみかたにほかならない。こうした一知半解の輿論が存在すればこそ、かれもくりかえし筆を執って、極東問題を論じようとしたのであろう。

日本と中国――東アジアの命運

退官後にオルコックが書いたものを集めてみて気づくのは、日本に関する文章の少なさである。極東問題といっても、その題材は中国に関わるものがはるかに多い。「東洋」「東アジア」と題していても、ほぼ中国を論じた内容である。

日本論で目につくのは、「新旧の日本――進歩の十年」という、一八八〇年末の *Contemporary Review* に掲載された論文くらいである。これは『大君の都』公刊後に出された日本に関する著作、とりわけリード（Edward James Reed）とイザベラ・バード（Isabella Lucy Bird）のそれを取り上げつつ、江戸時代の封建的政治構造と維新後におけるラディカルな「進歩」の諸相を描いたものである。こうした論文も書き、『日本の美術と工芸』も出したのだから、日本に関心を失いつつあった、というわけでもあるまい。中国論のなかでも、随処に日本の西洋化や自強にふれている。しかしこの数の差は、どう理解すればよいのだろうか。

よくいわれるのは、多作なオルコックにして、単行の著書は日本関係のものしかないから、オルコックはとりわけ日本に愛着があった、とする説明である。しかし上のような執筆情況をみれば、それは日本人からする贔屓目ではないだろうか。日本に愛着がなかった、あるいは薄かった、とはいわない。けれども愛着が強かったから、著書があるというのも、あまり説得的だとは思えない。

そのあたりは、かれ自ら『大君の都』で説明してくれている。なぜその著を出版したのか、といえば、デーヴィス『中国論』の向こうを張ったものだった。それまでの中国研究を集大成した、百科全書的なデーヴィスの著作に当たるものが、日本に関しては存在しなかったためである。語学テキストも、美術工芸についても、事情は同じであろう。中国ならすでにイギリス人のよく知るところであって、あらためて著書にしたてる必要はない。イギリスにとって「未知の国」なればこそ、著書として出す意味もあったわけである。

だとすれば、退官後の中国論の多さと日本論の少なさも、同じように説明できよう。オルコック自身の関心や愛着というよりも、読み手のニーズが問題であった。イギリス人にとって極東といえば、やはり日本より中国のほうが、はるかに大きな存在であり、関心的だったのである。中国論のニーズが多かったのも当然だろう。オルコックはむしろそれに応えたにすぎない。

それならオルコック独自の視角や思考、あるいは方向性は、このときの文筆活動に何も反映されていないのだろうか。そうでもあるまい。かれの議論を通観してみると、中国と日本を同時に、一括して論じていないことに気づく。ほとんどの文章が、中国は中国、日本は日本、と別個に論じている。日中を安易に混同、比較していない。当時の西洋一般の知的水準からすれば、これはきわだったことだといえようが、もちろんそれは、かれが身をもって得た知識からきたものである。一文の引用だけで十分だろう。

日本人の文明は高度の物質文明であり、あらゆる産業技術は蒸気力や機械の助けによらずに達しうる完成度を見せているといわねばならない。ほとんど無限にえられる安価な労働力と原料が、多くの点で蒸気力や機械の欠如を補っているのは明らかだ。……これまで達したよりも高度ですぐれた文明を受け入れる日本人の能力は、華人も含む他のいかなる東洋の国民より、はるかにすぐれていると思われる。

これは『大君の都』で日本文明を評した一節である。それが「高度」でありながら、中国とは異なる、別個の「文明」だったことを端的に述べている。こうした洞察がかれをして、日中を合わせ考えることをためらわせたのであろう。現代の研究者ですら、なかなか及びえない境地だといってよい。ただそれは同時に、日中の関係に対する視線を弱くしたようにも思われる。日中関係を論じたかれの文章は、きわめて少ないのである。

けれども極東問題は、一八六〇年代までの、イギリスを筆頭とした門戸開放の要求から転じて、七〇年代以後には、ともに自強をめざす日中の関係を基軸に動くようになる。とくに朝鮮半島をめぐる政治的・軍事的な利害を中心としていた。

かれは日本駐在時代、ポサドニク号事件でロシアの動きに警鐘を鳴らしたこともあり、当時のイギリス政治家らしく、ロシアの南下を警戒していた。だからロシアが接する朝鮮の問題に、まったく無関心だったわけではない。しかしそこを第一に、継続的に注目したわけでもなかった。西洋貿易の利害を中心に考えていた外交官時代からの観察法が変わらなかった、ということも考えられる。だとすれば、朝鮮をめぐる日中の対立が深化し、ついには日清戦争をひきおこす動きは、かれの視界には入って来にくかったのかもしれない。それを修正できないほどに、イギリス本国と極東とは遠かったともいえよう。あるいは、もはや晩年である。極東問題をつぶさに追跡する気力が失われていたのかもしれない。

事情はどうあれ、日清戦争を語るオルコックは存在しない。日清戦争は日露戦争を導き、東アジアを変え、世界を変えた。イギリスの運命とも無縁でない。歴史家にあるまじき発言だが、両国に駐在した先駆者オルコックなら、この戦争を何と言ったか、ぜひ聞いてみたかった、と切に思うものである。

すべては歴史とともに

何度か述べてきたとおり、オルコックはどう見ても、余暇を無為に過ごすことのできない男だった。ずっと動いているか、書いているかしないと、気のすまないたちだったように思える。もちろん精力的なのだろうが、かれの楽観的な性格も作用していたかに思える。やってみれば何とかなるはず、書いてみれば何か書けるはず、と考えることができた人物なのであろう。旅行好きだというのも、そうした性格の発露ではないか。「攘夷」吹き荒れる日本国内を、そうと知りながら一度ならず旅したのである。

歴史をつづる立場としては、かれにつきあうのは、そのためになかなか骨が折れる。その足どりを追うのもそうだし、何よりかれの書き残した資料の多さとその悪筆に閉口する。それは何も、外国人だから、というだけではない。同じイギリス人でも、オルコックの書くものには、ほとほとまいっていたらしいからである。オルコックの日本駐在時代、公使館で書記の仕事をしていた医者のウィリス（William Willis）も歎息して、「非常にことば数が多く」、「事実の羅列が多く明快さに欠け」ていて、「ダラダラと冗漫に書き続ける」上司だとこぼしている。またその筆跡は「ギリシア語を見るほうがまし」だともいう。こんな歎きはもとより、かれ一人に限らない。同じくオルコックの文字を解読筆写した身として、満腔の賛意を捧げたいと思う。

活字になった文章も、感心できない。主著の『大君の都』はもっと筋道を立て、事実と意見とを分別し、明晰な表現で書けば、あれほどの分量を費やすことはなかった。雑誌論文や新聞記事は、さすがにスペースの制限があるためか、ややましである。それでも決して読みやすい文体ではない。とにかく口数が多すぎるという弊は、どれにも共通している。だから「あらゆることが書いてあって、どれが本音かわからない」という評も出てくる。

それでもオルコックの文章には、人をとらえて放さない魅力がある。それは随処にみせる、ずばり本質を衝く指摘にある。かれが医者だった前歴によるものだろうが、即物的な分析と表現で、否応なく読み手を納得させてしまう。それが散りばめられているので、全体としては冗長晦渋なのに、それが一種の味わいにすら思えてくる。

しかもかれは、結局のところ文筆家ではない。行動の人である。その文章はすべて行動に裏づけられていた。だからかれの手になるものを読むときも、つねにその行動を念頭に置けば、迷うことはない。

たとえば幕末日本のオルコックなら、『大君の都』にいう、グローバルな大英帝国の「連鎖」を意識していた、と考えればよくわかる。その言動が帝国の消長に関わっているのは、外交官という職責上、当然だったかもしれない。だが退官して後も、それに変化はなかった。北ボルネオ会社はその典型だが、文筆活動も同じである。

自分が門戸を開け放った日本と中国は、鋭意自強をはじめている。はるかな極東のそんな動きは、帝国の将来にいかなる影響を及ぼすのか。かれは日本と中国を知悉していればこそ、一抹の不安をいだかざるをえなかった。

中国の西洋化が最終的に、平和的な方向をとるよう期待したい。東西相互の利益と善意が増進する結果になるのか。それとも、中国が西洋諸国に敵対して自前の兵器で戦うためだけに、わが武力と文明のあらゆる物質的要素を急速にとりいれる結果に終わるのか。それは少なからず、西洋列強じしん、およびその日中に駐在する政治・通商の代表者にかかっている。

一八七四年の一文である。オルコックの存命中は、確かにことなきをえた。しかし二〇世紀に入ると、日中の勃興と対立のなかで、極東の「非公式帝国」も「公式帝国」も危機に瀕し、それが大英帝国衰亡の一大契機ともなった。してみれば、その不安は決して杞憂ではなかったのである。

おびただしい文章を後世に残したといっても、オルコックは自分のことには頓着していない。日記はつけていたけれども、ほとんど散佚した。自伝を出すよう勧められると、必ずこう答えたという。

「わたしの生涯はわが仕事のなかにある。そこから思い出してもらえれば満足だ」

人生の価値は過去の実績をみてほしい。仕事に打ちこんだ人なら、ぜひ口にしてみたいセリフだが、オルコックはやはり、胸を張ってそういえるほど、自負があったのである。

一八九七年一一月二日、オルコックはロンドンで永眠した。妻ルーシーもその十六ヵ月後、後を追うように亡くなる。青年期に志した外科医、領事として再建しようとした中英貿易の秩序、駐日公使としてとりくんだ幕府の再生と日本の開放、北京駐在公使としてこころみた中英関係の改善。素志と結果だけみれば、いずれも中断・挫折したものばかりであって、失敗の生涯でしかなかった。しかしその過程で、オルコックが歴史に寄与したものは、実に多い。それをわかっていたからこそ、自負をもちえたのであろう。

オルコックなかりせば、中国と日本の近代史は決して、あのようにはすすまなかった。その意味で、東アジアの歴史は、かれとともにある。自伝はなくとも、その歴史が自分の存在を明らかにしてくれるはず。オルコックはそう確信していたにちがいない。

あとがき

はじめて横浜を訪れたのは、もう二十年以上も前になる。観光目的ではない。当時はまだ大学院生、駆け出しも駆け出しながら、いちおう研究は始めており、オルコックを軸にする中国の開国史を発表したのである。とくにとりあげたのが、かれの上海駐在領事時代であり、その席には加藤祐三先生もお見えになっていた。東アジア開国史研究の第一人者から親しくご批判をいただけたのは、僥倖というほかない。そののち、自分の考えを推し進め、近代中国の税関をテーマに、博士論文を執筆、出版した。そして今にいたっているのだから、この二十年前の横浜は、忘れがたい原体験なのである。

爾来、オルコックを軸に歴史叙述をまとめることは、筆者のひそかな課題となった。何よりオルコックという人物の魅力にとりつかれたからである。しかしそれは、容易な道のりではなかった。とにかく二十年かかってようやく、というのが実感である。

かくも長い時日が、筆者の菲才・怠惰以外の何物をも意味しない。それでも、言い訳はある。かれの事績は、個別にはおおむね明らかになっていて、あらためて専門研究の対象とはしにくい。再びそれをとりあげる必要性は薄いし、そうしたところで、良心的な研究論文にはならないのである。だからといって、検討の余地がないわけでもない。すでに明らかな個別の断片的な事績を総合すると、人物をどう評価できるか、あるいは、時代をどうみることができるか。そうした課題はある。だが本文でも記したようなかれ自身の多面性、それにともなう研究蓄積の不均等、とりわけ日本方面と中国・イギリス方面の途方もない落差、それらがオルコックに対する鮮明な歴史像を、たやすくは結ばせなかった。

いまひとつ。オルコックの人物像が、やっとおぼろげながらみえてきた時、気づいたのは発表する手段がないことであった。上に述べた事情から、専門論文は書けない。学会で報告もしてみたり、習作を何本か書いてみたけれども、意に染まないため、すべてお蔵入りになっている。けっきょく人物評伝の形でないと無理だ、と悟って、その準備をすすめた。そこでほどなくわかったのは、引き受けてくれる版元がない、という現状である。たしかに歴史への関心が希薄になりつつある昨今、しかも身近な日本と直接に関わらない論述を含むものでは、読者の眼を惹くことは望み得ず、採算がとれないのかもしれない。学究の立場からいえば、一般大多数の視角や知識からズレているからこそ、世に問う意義があるのだと思うけれども、実際の世の中は、市場の論理で動いている。

そんななか、小著の内容に意味をみいだし、出版を慫慂《しょうよう》してくださったのが、ウェッジの山本泰代氏である。氏のご配慮とご督励がなかったら、二十年ではすまなかったことであろう。筆者の我意につきあってくださった雅量に、心からの謝意をあらわしたい。

横浜の原体験をしくんでくださったのは、飯島渉氏と伊藤泉美氏。お二方との出会いなかりせば、小著の存在はもとより、今の自分がこうなっていたかどうか、わからない。二十年来のご教導とあわせ、あらためて感謝を捧げようと思う。

書き始めてからも、難行苦行だった。やはり伝記というのは難しい。いかに書いても、その人物のすべてを伝えるのは、不可能である。ましてオルコックのような多面的な人物ともなれば、小著で表現できたことなど、野球選手の打率ほどでしかあるまい。それだけでも筆者の手に余った。なんとか最後までこぎつけたのは、村上衛・中野隆士・西山喬貴の諸氏が示教を惜しまれなかったおかげ、記してお礼を申し上げる次第である。

オルコックの評伝をいま出すことに、何か世間的な意義があるのかどうか、筆者は知らない。とにかく魅せられた人物を描きえた、という充足感ばかりが残っている。ひとりよがりかもしれないけれど、読み手の方々に少しでもその感興を感じとっていただければ、以て瞑すべし、このうえない幸いである。

二〇一二年一月

岡本隆司

近年は新書や選書でも、参考文献の目録をつけるのが慣例となっていて、甚だしきに至っては、注釈までも厭わなくなった。学問研究であれば、それは当然の作法だが、研究に無縁な方々も手にとる本に、書名を羅列しただけのリストやページ数を記すだけの注を、容赦なくつけては、衒学的《ペダンティック》に失する。読書のリズムを妨げ、読み手の負担を無用に増すからであり、筆者はやはり躊躇する。あえてつけるのなら、せめて、なぜしかじかの本を選んだか、どう判断して使ったのか、などに一言なくては、不親切きわまりない。それを述べる余裕がないのであれば、いっさい記さない、というくらいの覚悟が必要だろう。

ここでは、小著の執筆にあたって参照した主な文献を紹介し、あわせてどんな本かも述べたい。もっとも、ご覧になるかどうかは、まったくの自由である。

まずあげなくてはならないのが、百年以上前のこの本である。

Alexander Michie, *The Englishman in China during the Victorian Era as illustrated in the Career of Sir Rutherford Alcock*, 2vols, London, 1900.

題名からわかるように、全体としては、単にオルコックの評伝を目的としたものではない。

しかしオルコックのまとまった伝記としては、人名辞典などを除いてほぼ唯一のもの。なかんずく幼少期や晩年の記述が貴重である。史料を駆使しての叙述は味わい深く、史料としても使える。ただしオルコックとは直接関係がない中国の同時代史の記述がやたらに冗長、英語も古典的で、すこぶる晦渋な書物である。

近年の大英帝国史研究、とりわけ中国と「非公式帝国」については、*The Oxford History of the British Empire Vol. 3 The Nineteenth Century*, Oxford, 1999. が基本的で、なかんずくそのなかに収めるJ. Osterhammel, "Britain and China, 1842-1914" が簡にして要を得ている。同じ主題を日本語で追究したものとしては、

秋田茂『イギリス帝国とアジア国際秩序——ヘゲモニー国家から帝国的な構造的権力へ』名古屋大学出版会、二〇〇三年。

が二〇世紀の叙述が中心ながら、まとまったものである。

中国領事時代のオルコックについて、全面的に検討したものは皆無である。それぞれのテーマと視角のついでに、オルコックに論及したものばかりだが、オルコック自身が傑出していたため、いずれもそれなりに読み応えのあるものとなっている。

坂野正高「一八四八年青浦事件の一考察——ガンボード・ディプロマシィと条約解釈」、同『近代中国外交史研究』岩波書店、一九七〇年、所収。

P. D. Coates, *China Consuls: British Consular Officers, 1843-1943*, Oxford, etc., 1988.

以上の内容はほぼ題名どおり。上海の租界・都市形成から、かれの役割に言及したものに、
加藤祐三『黒船前後の世界』岩波書店、一九八五年（ちくま学芸文庫、一九九四年）。
があり、税関に関しては、
John King Fairbank, *Trade and Diplomacy on the China Coast: the Opening of the Treaty Ports, 1842-1854*, 2 vols., Cambridge, Mass., 1953.
岡本隆司『近代中国と海関』名古屋大学出版会、一九九九年。
がある。
また特定の時期にかぎったことではないものの、中英間の重大問題たるアヘンとの関わりについて、
D. E. Owen, *British Opium Policy in China and India*, New Haven, London, 1934.
新村容子「オールコックとアヘン貿易」、同『アヘン貿易論争——イギリスと中国』汲古書院、二〇〇〇年、所収。

があり、いずれもオルコックを重要人物として紹介、描出する。

すでに本文中でも述べたとおり、日本人のオルコック研究は、かれの著述に対する翻訳や研究もふくめて、日本駐在時代に対するものがほとんどである。

山口光朔訳『大君の都』岩波文庫、一九六二年。

石井孝『増訂　明治維新の国際的環境』吉川弘文館、一九六六年。

芳賀徹『大君の使節――幕末日本人の西欧体験』中公新書、一九六八年。

増田毅『幕末期の英国人――R・オールコック覚書』有斐閣、一九八〇年。

飯田鼎『英国外交官の見た幕末日本』吉川弘文館、一九九五年。

萩原延寿『遠い崖――アーネスト・サトウ日記抄　第二巻　薩英戦争』朝日新聞社、一九九八年（朝日文庫、二〇〇七年）。

佐野真由子『オールコックの江戸』中公新書、二〇〇三年。

井谷善恵訳『日本の美術と工藝』小学館スクウェア、二〇〇三年。

山本秀峰訳『富士登山と熱海の硫黄温泉訪問――一八六〇年日本内地の旅行記録』露蘭堂、二〇一一年。

山本秀峰訳『長崎から江戸へ――一八六一年日本内地の旅行記録』露蘭堂、二〇一一年。


とりわけ石井孝氏の大著が、なお不朽の輝きを失っていない。

英文でも同種の文章がある。たとえば、

Sir Hugh Cortazzi, "Sir Rutherford Alcock, 1809-1897," in Ian Nish, ed., *Britain & Japan: Biographical Portraits*, Vol. 2, Surrey, 1997.

はその代表的なものであろう。

北京駐在公使時代については、やはりオルコック協定にまつわる著述が参考になる。

Nathan A. Pelcovits, *Old China Hands and the Foreign Office*, New York, 1948.

Mary Clabaugh Wright, *The Last Stand of Chinese Conservatism: the T'ung-chih Restoration, 1862-1874*, Stanford, 1957.
坂野正高「中国を英国の外交官はどのように見ていたか――マカートニー使節団の派遣から辛亥革命まで」、同『近代中国外交史研究』岩波書店、一九七〇年、所収。
いずれもオルコックの専論ではないけれども、やはりその果たした大きな役割を描き出す。オルコック論としては、坂野論文がもっとも味読に値する。

年譜

西暦	オルコック年譜	世界の動き
一七九三		イギリス初の使節団・マカートニー使節団が中国を訪問
一八〇九	イギリス・ロンドン（イーリング）に、医師のトーマス・オルコックの息子として生まれる。母を亡くし、父が多忙のため、親戚のもとに預けられる。	
一八二四	ウェストミンスター病院・王立ウェストミンスター眼科病院で医学の勉強を始める。	
一八二五	パリに留学。	
一八二八	帰国。ウェストミンスター病院・王立ウェストミンスター眼科病院にて研修医として働く。	ポルトガルで王位継承をめぐる内乱勃発。
一八三〇	開業医の免許を取得。	フランス七月革命。
一八三二	アゾレス諸島へ向かう海兵隊付きの外科医として従軍。	
一八三三		スペインにてカルリスタ戦争勃発。
一八三六		デーヴィス『中国論』出版。
一八三七	軍医を退役。	イギリスでヴィクトリア女王即位。
一八三八	帰国し、外科医の本務を再開。『スペイン派遣英国軍の医療史と医療統計に関するノート』出版。	
一八三九	王立内科外科協会に入会。シデナム校外科医学講師。	
一八四〇	ポルトガル派遣軍に関する外務省の委員会委員に就任。	アヘン戦争。
一八四一	ヘンリエッタ・ベーコンと結婚。	
一八四二	内務省の解剖検査官に就任。	中英南京条約締結。

一八四三	両手両腕の麻痺症状悪化のため、外科医を断念。	
一八四四	中国・廈門に領事として着任。	
一八四五	廈門に領事館を建てることが決まる。福州に転任。	
一八四六	上海に転任。中英貿易の構造を示した貿易報告を作成。	
一八四八	青浦にてイギリス人宣教師が襲撃される（青浦事件）。砲艦外交で犯人の処罰を要求。	フランス二月革命。 ドイツ・オーストリア三月革命。
一八五〇		太平天国の乱。
一八五一		世界初の万国博覧会がロンドンで開催。
一八五三	妻のヘンリエッタ死去。	ペリー、浦賀来航。
一八五四	イギリス居留民と清朝軍兵士との間で衝突（泥地の戦い）。 新しい土地章程を制定。 外国人税務司制度を創設。	ペリーの再来航、日米和親条約締結。
一八五五	広州に転任。 「中華帝国とその命運」発表。	
一八五六	イギリスに賜暇帰国。 「対外関係のなかの中華帝国」発表。	アロー号事件、英仏と清朝が交戦（アロー戦争）。
一八五七	『人生の諸問題』出版。	インド大反乱。
一八五八	広州に帰任。治安悪化のため領事館を香港に引き上げる。 駐日総領事に任命。	清朝と英仏米露が天津条約を締結。 井伊直弼が大老となり、安政の大獄始まる。 日英修好通商条約を含む安政五ヶ国条約が締結。
一八五九	日本駐在生活開始。 横浜の開港と小判の流出。 公使へ昇進。	

一八六〇	大坂の開市・兵庫などの開港の延期を拒否。 遣欧使節団の派遣を提案。 富士登山。	英仏連合軍の北京進攻。清朝と英仏が北京協定締結。 桜田門外の変。
一八六一	アメリカ公使館の通訳官ヒュースケンが殺害。抗議のため、 横浜に退去。 東禅寺襲撃事件。 『日本語文法入門』出版、「富士熱海旅行記」発表。	対馬でポサドニク号事件。 アメリカ南北戦争。 咸豊帝が死去。同治帝即位。西太后の垂簾聴政。
一八六二	ロンドンに賜暇帰国。 バス勲章授与。 ルーシーと再婚。 「ロンドン覚書」締結。	幕府の遣欧使節団出発。 坂下門外の変。 ロンドン万国博覧会。 生麦事件。
一八六三	オックスフォード大学より法学博士号を授与。 『大君の都』『日本語会話教本』出版。	アメリカ大統領リンカーンの奴隷解放宣言。 薩英戦争。 八月一八日の政変。
一八六四	江戸に帰任。 四ヵ国艦隊下関攻撃を指揮。 召還命令を受け、帰国。	幕府の遣欧使節団出発、横浜鎖港方針の決定。 太平天国滅亡。
一八六五	北京駐在公使として赴任。	リンカーン大統領暗殺事件。
一八六八	揚州教案。	明治維新。
一八六九	オルコック協定全十六ヵ条調印。 ロンドンに賜暇帰国。	
一八七〇	イギリス政府、オルコック協定の批准を拒否。	天津教案。

一八七一	退官。 ウェストミンスター病院副理事長、王立ウェストミンスター眼科病院理事長就任。 「中国の政治家と公文書」発表。	
一八七四	「東アジアの将来」発表。	ロンドンでアヘン貿易反対協会結成。 イギリス東インド会社解散。 スタンリーのアフリカ横断。
一八七五	「大モンゴルの遺産」発表。	
一八七六	王立地理学協会会長に就任。	
一八七七	「アフリカ探検とその結末」発表。	スタンリー、コンゴ川河口に到着。 英領インド帝国成立。
一八七八	パリ万国博覧会のイギリス代表委員に選出。 『日本の美術と工芸』出版。	
一八八〇	「新旧の日本――進歩の十年」発表。	
一八八一	北ボルネオ会社ロンドン取締役会の理事長就任。 「アヘンと良識」発表。	北ボルネオ会社設立。 ロンドンにて反アヘン大集会。
一八八四	「フランスと中国」発表。	清仏戦争。
一八八六	『北ボルネオ会社案内』出版。	
一八八七	「中国とその対外関係」発表。	清朝の駐英公使曾紀澤、「中国先睡後醒論」発表。
一八九四		日清戦争。 露仏同盟締結。
一八九五		日清下関条約締結。
一八九七	ロンドンにて死去。	

"The Inheritance of the Great Mogul," *Fortnightly Review,* Vol. 18, No. 104, August, 1875. *

"The Relations of the Western Powers and the East," *Fortnightly Review,* Vol. 19, No. 109, January, 1876.

"The Chinese Empire and its Foreign Relations," *Fortnightly Review,* Vol. 19, No. 113, May, 1876.

"Concluding Chapter," *The Journey of Augustus Raymond Margary, from Shanghae to Bhamo, and back to Manwyne, from His Journal and Letters,* London, 1876.

"African Exploitation and its Result," *Macmillan's Magazine,* November, 1877. *

Art and Art Industries in Japan, London, 1878. * †

"Old and New Japan: or a Decade of Japanese Progress," *Contemporary Review,* Vol. 38, November, 1880. *

"China and its Foreign Relations," *Contemporary Review,* Vol. 38, December, 1880.

"Opium and Common Sense," *The Nineteenth Century,* Vol. 10, No. 58, December, 1881. *

"France and China," *Contemporary Review,* Vol. 46, December, 1884. *

"Introduction," *Handbook of British North Borneo: Compiled from Reports Received from Governor Treacher and from other Officers in the British North Borneo Company's Service by Colonial and Indian Exhibition,* London, 1886. *

"France, China and the Vatican," *The Nineteenth Century,* Vol. 20, No. 117, November, 1886.

"China and its Foreign Relations, I," *The Asiatic Quarterly Review,* Vol. 3, April, 1887. *

オルコック主要著述目録

必ずしも網羅的ではない。とりわけ新聞論説は煩瑣にわたるので、いっさい省いた。本文・年譜に言及のあるものには＊を、邦訳のあるものには†を付した。

Notes on Medical History and Statistics of the British Legion of Spain, comprising the Results of Gunshot Wounds, in relation to Important Questions to Survey, London, 1838. ＊

"The Chinese Empire and its Destinies," *Bombay Quarterly Review,* Vol. 2, No. 4, October, 1855. ＊

"The Chinese Empire in its Foreign Relations," *Bombay Quarterly Review,* Vol. 3, No. 2, April, 1856. ＊

The Life Problems: Essays; Moral, Social and Psychological, London, 1857. ＊

Elements of Japanese Grammar for the Use of Beginners, Shanghai, 1861. ＊

"Narrative of a Journey through the Interior of Japan, Ascent of Fusiyama and Visit to the Hot Sulphur-Bath of Atami, in 1860," *Journal of the Royal Geographical Society,* Vol. 31, 1861. ＊ †

"Narrative of a Journey through the Interior of Japan from Nagasaki to Yeddo, in 1861," *Journal of the Royal Geographical Society,* Vol. 32, 1862. †

Catalogue of Works of Industry and Art sent from Japan, International Exhibition of 1862, London, 1862. ＊

The Capital of the Tycoon: a Narrative of a Three Years' Residence in Japan, 2 vols., London, 1863. ＊ †

Familiar Dialogues in Japanese with English and French Translations for the Use of Students, London and Paris, 1863. ＊

"The Chinese Statesman and State Papers," *Fraser's Magazine,* New Series, Vol. 3, Nos. 15, 16, 17, March, April, May, 1871. ＊

"The Peking Gazette," *Fraser's Magazine,* New Series, Vol. 7, Nos. 38, 39, February, March, 1873.

"The Future of Eastern Asia," *Macmillan's Magazine,* September, 1874. ＊

ラザフォード・オルコック――東アジアと大英帝国

二〇一二年四月三〇日　第一刷発行

著　者……岡本隆司

発行者……布施知章
発行所……株式会社ウェッジ
〒一〇一―〇〇五二　東京都千代田区神田小川町一―三―一
NBF小川町ビルディング三階
電話：〇三―五二八〇―〇五二八　FAX：〇三―五二一七―二六六一
http://www.wedge.co.jp　振替00160-2-410636

ブックデザイン……モリサキデザイン
DTP組版……株式会社リリーフ・システムズ
印刷・製本所……図書印刷株式会社

©Takashi Okamoto 2012 Printed in Japan
ISBN 978-4-86310-096-1 C0323
定価はカバーに表示してあります。
乱丁本・落丁本は小社にてお取り替えします。
本書の無断転載を禁じます。

ウェッジ選書